AUSGEWÄHLTE DOKTORDISSERTATIONEN
DER
LEIPZIGER JURISTENFAKULTÄT.

# DER VERGLEICH IM PROZESSE.

EINE

## HISTORISCH-DOGMATISCHE UNTERSUCHUNG

VON

Dr. iur. PAUL KRETSCHMAR.

LEIPZIG,
VERLAG VON VEIT & COMP.
1896.

Nach der für die Leipziger Juristenfakultät bestehenden Promotionsordnung ist die Drucklegung der Dissertation keine Vorbedingung der Promotion, und die Fakultät hat die Überzeugung, daß eine Prüfungsarbeit gut und ein vollgültiges Zeugnis der wissenschaftlichen Bildung ihres Verfassers sein kann, ohne daß ihr der allgemeine Wert zukommt, welcher ihre Veröffentlichung wünschenswert macht.

Doch hat die Fakultät es stets als einen Übelstand empfunden, daß eine nicht unbedeutende Zahl von ihr approbierter Dissertationen, welche die Wissenschaft fördern, theils gar nicht zum Druck gelangen, theils ohne Bezeichnung ihrer Eigenschaft als Doktorschrift veröffentlicht worden sind. Daher ist die Einrichtung getroffen worden, daß derartige Dissertationen unter den Auspizien der Fakultät veröffentlicht werden können. Die Thätigkeit der Fakultät wird sich dabei auf die Feststellung der Druckwürdigkeit beschränken; sie übernimmt keine Verantwortung für den Inhalt im Einzelnen.

Die Arbeiten erscheinen in selbständigen Heften und sind einzeln verkäuflich.

Leipzig, im Juli 1893.

**Die juristische Fakultät:**

Dr. J. E. Kuntze,

d. z. Dekan.

AUSGEWÄHLTE DOKTORDISSERTATIONEN
DER
LEIPZIGER JURISTENFAKULTÄT.

# DER VERGLEICH IM PROZESSE.

EINE

HISTORISCH-DOGMATISCHE UNTERSUCHUNG

VON

Dr. iur. PAUL KRETSCHMAR.

LEIPZIG,
VERLAG VON VEIT & COMP.
1896.

# Inhalt.



1*

# Verzeichnis der benutzten Litteratur.


Corpus juris civilis Ed. Mommsen, Krüger, Schöll.
Corpus jur. civ. glossatum III. Tom. Lugduni 1569.
Basilicorum libri LX ed. Heimbach. Lipsiae 1833 f.
Lenel, Palingenesia juris civilis II Vol. Lipsiae 1889.
Derselbe, Edictum perpetuum. Leipzig 1883.
Gai Institutiones Ed. Krüger-Studemund (Berolini 1884).
Keller, Der römische Civilprozeß, 6. Ausg. Leipzig 1883. Bearbeitet von Wach.
v. Bethmann-Hollweg, Der römische Civilprozeß. 3 Bde. 1864 f.
Puchta, Kursus der Institutionen, 9. Aufl., besorgt von Krüger 1881.
Demelius, Die confessio im römischen Civilprozeß. Graz 1880.
Buchka, Die Lehre vom Einflusse des Prozesses auf das materielle Rechtsverhältnis. Rostock u. Schwerin 1846/47.
Brunner, Deutsche Rechtsgeschichte. Bd. I, II. Leipzig 1887. 1892.
v. Bethmann-Hollweg, Der germanisch-romanische Civilprozeß im Mittelalter. Bd. I—III, 1. Bonn 1868 f.
Planck, Das deutsche Gerichtsverfahren im Mittelalter. 2 Bde. Braunschweig 1879.
Padelletti, Fontes juris Italici medii aevi Bd. I (un.) Aug. Taur. 1877.

Statuti del comune di Padova dal secolo XII all' anno 1285. Padua 1873.
Statuta Communis Parmae anni 1347. Parmae 1860.
Statuta varia civitatis Placentiae. Parmae 1860.
Statuta civitatis Bergomi. Berg. 1727.
Statuta Mediolani. Mediolani 1552.

Corpus juris canonici ed. Friedberg.
Corpus juris canonici glossatum Venetiis 1572.
Apparatus Decretalium Innocentii IV. Venet. 1491.
Baldus de Ubaldis, in Decretalium volumen Commentaria. Venet. 1595.
Petrus de Ancharano, Lectura super sexto Decretalium s. l. e. a.
Antonius a Butrio, super secunda primi Decretalium Commentarii. Venet. 1578.
Gonzalez Tellez, Commentaria perpetua in singulos textus quinque librorum Decretalium Lugduni 1715.

Durantis † 1296, Speculum judiciale. Basilea 1574.
Albericus de Rosciate † 1354, In primam Codicis partem Commentaria. Mediolani 1492.
Bertolus a Saxoferrato † 1357, Opera 11 Tom. Venet. 1590.
Baldus de Ubaldis † 1400, In primam Digesti veteris — in primam Codicis partem Commentaria. — Venet. 1616. — Derselbe, Practica Lugduni 1528.
Paulus de Castro † 1441, In primam Codicis partem Commentaria Aug. Taur. 1576.
Angelus Aretinus † nach 1451, super institutis Commentaria. Venet. 1543.
Caccialupus de S. Severino † nach 1472. Tractatus de transactionibus.
Curtius, Franciscus senior, † 1495, Tractatus de pactis, transactionibus et aliis contractibus innominatis.
Jason de Mayno † 1519, In primam Codicis partem Commentaria. Venet. 1596.

Alciat † 1550. Opera Basileae 1551.
Surdus. Libri tres consiliorum. Francofurti 1599.
Josephi Urceoli (2. Hälfte des 17. Jahrhunderts) Tractatus de transactionibus ed. IV. Genevae 1701.

König † 1526. Practica und Prozeß. Frankfurt a. O. 1550.
v. Rotschitz † 1536. Processus juris. Lipsiae 1523.
Carpzov † 1666. Processus juris. Lipsiae 1708.

Mynsinger† 1588. Singularum observationum imper. cam. centuriae. Basileae 1566.
Gaill † 1587. Practicarum observationum libri II. Coloniae 1581.

Wernher. Selectae observationes forenses. Wittenberg 1721.
Berger. Decisiones electorales Saxon. Dresden u. Leipzig 1720.

Brettner. Abhdlg. in den Beitr. z. Erläut. des deutschen Rechtes. Bd. 25. S. 327 f.
Brunner. Deutsche Rechtsgeschichte. 2 Bände, 1887 u. 1892.
Bülow. Die Lehre von den Prozeßeinreden und die Prozeßvoraussetzungen. Gießen 1868.
Bülow. Dispositives Civilprozeß-Recht u. s. w. (Arch. f. c. Pr. Bd. 64. S. 1 f.)
Degenkolb. Einlassungszwang und Urteilsnorm. Leipzig 1877.
Demelius. Die confessio im röm. Civ.-Proz. u. s. w. Graz 1880.
Förster-Eccius. Theorie und Praxis des heutigen gem. preuß. Privatrechts. 6. Aufl. 1892.
Hahn. Die gesamten Materialien zur Civilprozeßordnung. Berlin 1880.
Jünger. Prozeßvollmacht und Legitimation zum Abschluß eines Vergleichs nach der deutschen C.P.O. Neuwied 1890.
Keller. Der röm. Civ.-Prozeß u. die Aktionen. 6. Aug. Bearb. von Wach. Leipzig 1883.
Kohler. Der Prozeß als Rechtsverhältnis. Mannheim 1888.
Kohler. Über die Succession ins Prozeßverhältnis b. Busch. Bd. XII. S. 97 f.
Küntzell. Abhandlg. in den Beiträgen zur Erl. des deutschen Rechts (Bd. 25. S. 327 f.).
Mandry. Der civilrechtliche Inhalt der Reichsgesetze. Freiburg 1885.
Oumé-Kendjiro, De la transaction. Paris 1889.
Planck. Lehrbuch des deutschen Civ.-Prozeßrechts. 2 Bde. Nördlingen u. München 1887. 1891.
Renaud. Lehrb. d. Gem. deutsch. Civ.-Prozeßrechts. Leipzig u. Heidelberg 1873.
Risch. Die Lehre vom Vergleiche. Erlangen 1855.
v. Savigny. System des heut. röm. Rechts. 8 Bde. Berlin 1840—1851.
Seuffert. Zur Geschichte der oblig. Verträge. Nördlingen 1881.
Troeltzsch. Über den Prozeßvergleich im geltenden Rechte. Erlanger Inauguraldissertation o. Jahresz.
Trutter. Über prozessuale Rechtsgeschäfte. München 1890.
Wach. Geständnis (Arch. f. civ. Pr. Bd. 64. S. 201 f.).
Wach. Handbuch d. deutschen Civ.-Prozeßrechts. Leipzig 1885.
Wach. Der Feststellungsanspruch. Leipzig 1889.
Wach. Die Abtretung rechthängiger Ansprüche [in den Beiträgen zur Erläuterung des deutschen Rechts (Gruchot) Bd. 30 (1886) S. 779 f.].
Wetzell. System des ordentl. Civ.-Prozesses. Leipzig 1878.

Abgekürzt werden citiert
das Archiv für die civilistische Praxis mit: CA oder civ. Arch.
die Zeitschrift für deutschen Civilprozeß begründet von Busch mit: Busch.
Die Entscheidungen des Reichsgerichts in Civilsachen mit: RGE. unter Angabe des Bandes.

Von den Kommentaren ist Gaupp in 2., Seuffert in 7. und Struckmann-Koch und Wilm. Levy in 6. Aufl. citirt.

Fernerweit benutzte Litteratur ist in der Arbeit einschlagenden Orts angeführt.

---

# Einleitung.

Von alters her steht die Gruppe der sog. Feststellungsgeschäfte Anerkenntnis, Verzicht und Vergleich in naher Beziehung zum Prozesse. Freilich greift ihr Anwendungsgebiet über das des Prozesses hinaus, da sie auch Rechtsverhältnisse betreffen können, die noch nicht im eigentlichen Rechtsstreit befangen sind und vielfach gerade zu dem Zwecke eingegangen werden, einen solchen zu verüberflüssigen. Aber selbst hier kommt es vor, daß die positivrechtlich an sie geknüpften Wirkungen nicht rein auf das materielle Recht rückführbar sind, sondern den prozessualen Gedanken durchschimmern lassen, daß der betreffende Feststellungsakt gemäß seiner Bestimmung, definitiv jeden Streit über das festgestellte Rechtsverhältnis auszutragen, die Wirkungen der prozessualischen causa finita in sich enthalte.[1]

Beziehen sie sich gar auf ein Rechtsverhältnis, über welches ein Rechtsstreit anhängig ist, so ist nichts gewöhnlicher, als daß das Prozeßrecht für die Disposition im Prozesse eine besondere prozessuale Form bereit hält und, im Dienste des Feststellungswillens, besondere prozessuale Wirkungen an sie knüpft. Möglicherweise steht die prozessuale Form außer allem Konnexe mit einer entsprechenden materiellrechtlichen, ist eine originäre Schöpfung des Prozeßrechts;[2] oder aber letzteres benutzt eine für die außerprozessuale Disposition bestehende rechtsgeschäftliche Form und modelt sie nur nach seinen Bedürfnissen um.

Aus dieser Verwandtschaftsbeziehung der Feststellungsgeschäfte zum Prozeßrechte ergeben sich Schwierigkeiten für ihre systematische Stellung. Es fragt sich, namentlich für die in den Prozeß fallenden Dispositionsakte, wieweit sie durch ihre Vornahme im Prozesse prozessualen Gehalt in sich aufnehmen und damit den spezifischen Normen des Prozeßrechts unterthan werden. Für den Prozeß der

---

[1] Im § 2 wird darzulegen sein, welche Rolle diese Idee bei der Entwicklung des Prozeßvergleichs gespielt hat.

[2] So die confessio in jure, welche im römischen materiellen Rechte keine Parallele findet.

C.P.O. kleidet sich das hier berührte Problem in die Streitfrage, ob den genannten Rechtsgeschäften die Natur von Prozeßhandlungen, näher, von prozessualen Rechtsgeschäften zukomme. Aber das Problem ist nicht dem Prozesse der C.P.O. eigentümlich; der tiefere Grund für seine Existenz liegt darin, daß die Rechtsordnung, um den Effekt der rechtlichen Feststellung zu erreichen, sich eines doppelten Organs bedienen kann: des materiellen Rechts; dann beruht die rechtliche Feststellung auf der Schaffung einer neuen, oder Vernichtung der alten materiellen Grundlage des Rechtsverhältnisses; oder des Prozeßrechts: dann wird sie erzielt durch eine an die Disposition geknüpfte Beschränkung der rechtlichen Bewegungsfreiheit der feststellenden Partei auf prozessualem Gebiete.

Nicht immer ist die Stellungnahme des Prozeßrechts in diesem Punkte so unzweideutig, wie z. B. die des römischen hinsichtlich der confessio in jure, wo Thatbestand und Rechtsfolge so unverkennbar dem Prozeßrecht angehören, daß die prozessuale Natur der Erklärung in die Augen springt.[1] Namentlich werden da leicht Zweifel entstehen, wo die Terminologie des Prozeßgesetzes an die des materiellen Rechts anknüpft, wie es die C.P.O. bezüglich der Feststellungsgeschäfte überhaupt thut.

Thatsächlich ist die prozessuale Bedeutung aller dieser lebhaft umstritten. Aber während die genauere Betrachtung des Anerkenntnisses und Verzichts leichter zu dem Resultat gelangt, daß diese Rechtsgeschäfte, wenn in den Formen der §§ 277 und 278 C.P.O. geschlossen, prozessualer Natur sind,[2] steht die Frage für den Vergleich zweifelhafter. Zunächst ist der Thatbestand, auf welchen sich die Normen der C.P.O. beziehen, kein einheitlicher. Sie betreffen nicht nur den während des Prozesses gerichtlich geschlossenen (§§ 77. 79. 93. 146 Ziff. 1, 268. 702 Ziff. 1, sondern auch den vor der Klagerhebung im Sühnetermin zu Stande gekommenen (§§ 77.

[1] Dies gilt in gleicher Weise, ob man nun mit v. Savigny (System Bd. VII S. 12 f.), v. Bethmann-Hollweg (Röm. Civilprozeß I S. 117 f., II. S. 539 f.), Degenkolb (Einlassungszwang und Urteilsnorm S. 246) als ihre Wirkung die urteilsmäßige formelle Feststellung des anerkannten Rechtsverhältnisses ansieht, oder mit Demelius (Confessio S. 86 f., 114 f., 206 f.) in ihr nur die Erklärung des Beklagten erblickt, daß er von einer Defension gegen den Angriff des Klägers absehe, und demgemäß ihre Wirkung darauf beschränkt, dem Kläger Exekution ohne formelle Feststellung zu gewähren. Denn auch letzterenfalls kommt der Erklärung des Beklagten insofern prozessualer Inhalt zu, als sie eine Verfügung über sein prozessuales Recht, durch Übernahme des Prozesses den Anspruch des Klägers zu bekämpfen, enthält.

[2] Denn sie begründen als unmittelbare, im Dienste rechtlicher Feststellung stehende prozessuale Folge die Zulässigkeit des gegnerischeu Antrags auf Anerkenntnis- oder Verzichtsurteil und bei ersterem die vorläufige Vollstreckbarkeit des ergehenden Urteils (§ 648 Ziff. 1 C.P.O.).

79. 93. 471. 702 Ziff. 2 C.P.O.) und einzelne (§§ 77. 79. 93 C.P.O.), selbst den während des Prozesses außergerichtlich geschlossenen Vergleich. Sodann ist die gesetzliche Normirung hinsichtlich des Vergleichs zurückhaltender, es kann fraglich erscheinen, ob die C.P.O. überhaupt solche prozessuale Folgen an ihn knüpft, welche dem Zwecke der rechtlichen Feststellung[1] dienen.

Der Hauptgrund für die bestehende Unsicherheit aber scheint ein historischer zu sein. Zweifellos steht die transactio dem römischen Prozesse unendlich viel ferner als die confessio. Und wenn auch die mittelalterliche Doktrin — wie unten darzulegen durch germanische Einflüsse bestimmt — mehr prozessuale Beziehungen des Vergleichs aus den Quellen herauslas, als thatsächlich zu finden waren, so fiel doch bei der Scheidung der Disziplinen im 16. Jahrhundert die Behandlung des Vergleichs vollständig der Privatrechtstheorie anheim, während die Prozeßwissenschaft mit der Lehre von der confessio stets in Fühlung blieb. Hinsichtlich des ersteren hatte dies die Folge, daß die von der italienischen Doktrin eifrig gepflegten prozessualen Fragen über Bord geworfen wurden und die festgestellten prozessualen Sätze sich zwar in der Gesetzgebung der nächstfolgenden Zeit niederschlugen, aber von der Theorie nicht auf ihren Wert für den Charakter der im Prozesse getroffenen Vergleichskonvention geprüft, sondern mehr als äußerliche Annexe des aus dem materiellen Recht bekannten Vergleichs behandelt wurden.

So nimmt der Vergleich auch heute noch dem im Prozesse erfolgten Anerkenntnisse oder Verzicht gegenüber eine Sonderstellung ein.

Hiermit rechtfertigt sich die Beschränkung der vorliegenden Arbeit auf die Untersuchung der Behandlung des Vergleichs im Prozesse. Für ihn nimmt das oben im allgemeinen berührte Problem die speziellere Form an: Ist er ein rein materielles Feststellungsgeschäft, oder beendet er nach Art eines Urteilssurrogats formell den Prozeß?[2]

Die den Vergleich betreffende Litteratur leidet unter dem Mangel einer sicheren historischen Grundlage für die Beantwortung dieser Frage. Als erste Aufgabe erschien es daher, die Behandlung des Ver-

---

[1] Die Gestaltung des Vergleichs zum Vollstreckungstitel (§§ 702 Ziff. 1 u. 2) dient nur der Realisirung des Vergleichsinhalts und beweist für sich allein noch nichts für den prozessualen Gehalt der Vergleichsdisposition: Sonst müsste man auch den vollstreckbaren Urkunden des § 702 Ziff. 5 C.P.O. die Natur von prozessualen Rechtsgeschäften zuschreiben. Vgl. unten § 5, S. 51.

[2] Diese prozessuale Folge ist von der an das gerichtiche Anerkenntnis und den gerichtlichen Verzicht anknüpfenden (oben S. 8, Note 2) wesentlich verschieden. Letztere schaffen lediglich eine veränderte prozessuale Situation innerhalb des Verfahrens, während es sich beim Vergleiche um die Erledigung des Verfahrens selbst handelt.

gleichs in den Prozeßrechten, auf denen der gegenwärtige Rechtszustand fußt, wenigstens in den Grundzügen klar zu legen. Dieser Versuch soll im ersten Teile der vorliegenden Arbeit unternommen werden. Der zweite Teil hat sich speziell mit dem Vergleiche im Prozesse der C.P.O. zu beschäftigen und dessen prozessualen Gehalt zu entwickeln.

Noch eine Bemerkung sei über die Abgrenzung der Arbeit nach der zivilistischen Seite gestattet. Es handelt sich nicht um eine Revision des materiellrechtlichen Vergleichsbegriffs, sondern um Feststellung des etwaigen prozessualen Gehalts des Vergleichs. Für ersteren wird daher zuvörderst der von der zivilistischen Doktrin im wesentlichen festgelegte Begriff acceptiert; hiernach ist der Vergleich der Vertrag, mittelst dessen die Parteien eine zwischen ihnen bestehende rechtliche Ungewißheit durch gegenseitiges Nachgeben beseitigen.

Aufgabe der vorliegenden Arbeit bleibt es, einschlagenden Orts zu untersuchen, ob und wieweit dieser Begriff bei dem im Prozesse geschlossenen Vergleiche eine Modifikation erleidet.

---

# I. Historischer Teil.

## § 1. Der Vergleich im römischen Prozesse.[1]

Die Stellung des Vergleichs im römischen Prozesse ist das Produkt der besonderen Gestaltung der transactio nicht minder, als der eigentümlichen Grundlagen des römischen Prozesses. Es erscheint daher geboten, zunächst einen Blick auf die charakteristischen Züge der ersteren zu werfen.

Nach römischer Auffassung ist der Vergleich als solcher kein Kontrakt, klagbarer Vertrag, sondern nur eine durch ihre causa eigentümlich gefärbte conventio; der formlos geschlossene Vergleich erzeugt daher (regelmäßig)[2] keine actio zur Erzwingung der in ihm versprochenen Leistungen, sondern nur eine exceptio aus dem pactum gegen die Klage aus dem ursprünglichen Rechtsverhältnisse.[3]

Der Vergleich kann jedoch auch in bestimmte Formen eingekleidet werden, die teils darauf abzielen, die alte Klage ipso jure zu zerstören, teils die versprochene Leistung klagbar zu machen. Ersterem Zwecke dient die zur formalen Tilgung verbaler Obligationen bestimmte acceptilatio, welche auf diejenigen Fälle, in denen der bestrittene Anspruch nicht auf einer Verbalobligation beruht, dadurch anwendbar gemacht wird, daß jener zunächst durch Aquiliana stipulatio in eine Verbalobligation umgeschaffen wird;[4] zu letzterem regelmäßig die stipulatio.[5]

Endlich wird der Vergleich für diejenige Partei, welche aus ihm erfüllt hat, infolge der Leistung (re) klagbar; sie erwirbt da-

---

[1] Dig. II 15. Cod. Just. II 4.

[2] Eine Ausnahme tritt ein, wenn das pactum, wie z. B. in den Fällen der l. 17 § 1 D. de pact. 2, 14 (pactum über a. furti und a. injuriarum) ipso jure wirkt. Dann liegt in dem Aufgeben der Klage ein factum, welchem die actio praescriptis verbis entspringt, vgl. Oumé-Kendjiro De la transaction I pag 60 Num. 59.

[3] l. 2, 10 D. h. t.; l. 17, 24, 28 Cod. h. t.

[4] l. 2, 4, 15 D. h. t. l. 3, 15, 32 Cod. h. t.

[5] l. 33 (34) § 1 Cod. h. t.

durch die actio praescriptis verbis. Da die Leistung sowohl in einem facere, als in einem dare bestehen kann,[1] so wird durch dieses Mittel in sehr mannigfaltiger Art eine actio auf die vergleichsweise zugesagte Leistung erworben; von besonderer Wichtigkeit ist, daß auch die völlige Aufhebung eines Anspruchs die Klage auf die versprochene Gegenleistung hervorbringt.[2]

Alle diese Formen gehören dem Privatrechte an. Setzen wir hierzu die Thatsache in Beziehung, daß die transactio nicht nur im Prozesse, sondern auch außerhalb desselben geschlossen werden kann — bloßer timor litis genügt[3] — so bemerken wir in beiden Richtungen einen entschiedenen Gegensatz zur prozessualen Disposition *κατ' ἐξοχήν*, der confessio in jure. Immerhin bleibt die Frage aufzuwerfen, ob das Prozeßrecht an den während des Verfahrens geschlossenen Vergleich unter bestimmten Bedingungen oder Formen besondere prozessuale Wirkungen knüpft.

Bereits eingangs ist auf die Möglichkeit einer doppelten Gestaltung dieser Wirkungen hingewiesen. Sie erscheinen entweder als Veränderung der prozessualen Situation innerhalb des Verfahrens, oder als formelle Endigung desselben.

Daß der römische Prozeß es den Parteien freistellt, vergleichsweise eine Wirkung der ersteren Art herzustellen, kann nach

> l. 26 de re iud. 42, 1 Ulpianus lib. 77 ad edictum: Si convenerit inter litigatores, quid pronuntietur, non ab re erit, iudicem huiusmodi sententiam proferre

nicht bezweifelt werden.[4]

Haben die Parteien sich über den Inhalt der vom Richter zu fällenden pronuntiatio geeinigt, so soll der Richter ihr den von den Parteien vereinbarten Inhalt geben.

Es liegt auf der Hand, daß die conventio hier nicht als privatrechtlicher Vertrag wirkt. Nicht deshalb, weil sie für den Kläger einen neuen materiellen Klaggrund schüfe,[5] accommodirt der Richter den Inhalt der Sentenz der conventio der Parteien, sondern weil die Vereinbarung prozessualer Dispositionsakt ist, mittels dessen

---

[1] Über die Umgrenzung beider Begriffe s. Puchta Inst. § 259.

[2] arg. l. 6 und 33 (34) Cod. h. t. vergl. Risch, S. 149, Note 18, Kendjiro I pag 80, 81, pag 57.

[3] l. 2 Cod. de transact. 2, 4: Cum te proponas, cum sorore tua de hereditate transegisse et idpropter certam pecunium te ei debere cavisse, etsi nulla fuisset quaestio hereditatis, tamen propter timorem litis transactione interposita pecunia recte cauta intellegitur rel.

[4] Vergl. Keller, Röm. Civilprozeß, Note 788 (S. 342).

[5] Das bloße pactum erzeugt solchen nicht.

die Parteien dem Richter die Prüfung des ursprünglichen Rechtsverhältnisses entziehen.[1]

Unserem Hauptthema liegt diese prozessuale Beziehung ferner. Wo wir vom Vergleich während des Prozesses reden, denken wir nicht an einen solchen, der die formelle Lösung des iudicium einem noch ergehenden Urteile überläßt, sondern an einen, den die Parteien in der Absicht schließen, die richterliche Entscheidung überflüssig zu machen. Ist ein solcher Vergleich nach römischem Prozeßrechte Urteilssurrogat in dem Sinne, daß er das Verfahren beendet, nicht nur die Sachentscheidung beeinflußt, sondern den Parteien die Rückkehr zu demselben Prozesse verschließt?

Für das klassische Recht fordert zunächst die Trennung des Verfahrens in ius und iudicium Berücksichtigung. Wird der Vergleich während des ersteren Prozeßstadiums geschlossen und dem Prätor liquid gestellt, oder ist er diesem liquid, weil er in jure geschlossen ist, so gelangt die Sache überhaupt nicht ins iudicium. Dem Kläger, welcher hierauf bestanden hätte, wäre die Klage versagt worden. (Denegatio actionis.) Einen indirekten Beleg hierfür liefert das Fragment l. 22 § 1 D. in jus voc. 2, 4 (Gaius lib. I ad legem XII tab.).[2] Qui in jus vocatus est, duobus casibus dimittendus est; si quis eius personam defendet et si, dum in jus venitur de re transactum fuerit.

Weiter: Hat der Beklagte dem Kläger vadimonium bestellt, also sich stipulationsweise zum Erscheinen oder Wiedererscheinen in iure zu einem bestimmten Termin verpflichtet, so erlischt diese Verpflichtung ohne weiteres, wenn vor dem Termin ein Vergleich zu stande kommt:

l. 2 pr. D. si quis cautionibus non obtemperaverit 2, 11 Ulpian lib. 74 ad edict.).[3] Non exigimus reum iudicio sisti, si negotium, propter quod iudicio sisti promisit, fuerit transactum: sed hoc ita, si prius id negotium transactum sit, quam sisti oporteret. ceterum si postea transactum est, exceptio doli opponi debet: Quis enim de poena promissa laborat post negotium transactum? cum etiam

[1] Augenscheinlich wählt Ulpian die vorsichtige Ausdrucksweise „non ab re erit“ gleich „es wird nicht unangemessen, es dürfte sachentsprechend sein“, weil er sich des Übergreifens der Disposition auf prozessuales Gebiet bewußt ist und andeuten will, daß er sich den Einwand, ob eine solche Disposition nicht wider den Grundsatz: Nec ex praetorio, nec ex sollemni iure privatorum conventione quicquam immutandum est (vergl. l. 27 D. de reg. iur. 50, 17) verstoße, vorgelegt hat, ihn aber abweisen zu können glaubt.

[2] Vergl. Rudorff, Röm. N.Gesch. S. 210.

[3] Ulpian handelte in diesem Buche vom vadimonium cf. Lenel, Palingenesia II, S. 854 No. 1651 f. und das „iudicio sisti“ beruht durchgängig auf Interpolation.

> transacti negotii exceptionem putaverit quis nocere, quasi etiam de poena transactum sit, nisi contrarium specialiter partibus placuerit;

und zwar nicht nur, wenn der Vergleich mittels Aquiliana stipulatio und acceptilatio geschlossen worden ist, sondern auch bei dem formlos eingegangenen.[1] Beides beweist jedoch noch nichts für die prozessuale Natur des Vergleichs. Denn die actionis denegatio erfolgt nicht nur aus prozessualen, die Begründung des judicium hemmenden Rücksichten, sondern auch wegen sofort ersichtlicher sachlicher Unbegründetheit des Klaganspruchs (auch wo diese nur durch das Entgegenstehen einer exceptio vermittelt wird),[2] läßt also für sich allein keinen Rückschluß auf die Natur des Versagungsgrundes zu. Was aber die durch Vergleichsschluß herbeigeführte Lösung des Beklagten vom angelobten vadimonium betrifft, so liegt es freilich für die moderne prozessuale Anschauung nahe genug, die hieraus resultirende direkte Erledigung des Verfahrens in iure hervorzukehren und folgeweise dem geschlossenen Vergleiche neben seiner materiellen noch eine prozeßrechtliche Wirkung zuzuschreiben. Aber diese Auffassung würde doch wohl dem Umstande nicht voll gerecht, daß (wenigstens im Formularprozesse) vor der litis contestatio von einem wirklichen prozessualen Rechtsverhältnisse nicht wohl geredet werden kann, wie sich schon daraus ergiebt, daß die Verpflichtung des Beklagten zum Wiedererscheinen in iure gar nicht aus dem Verfahren selbst entspringt, vielmehr besonders durch vadimonium begründet werden muß.

Um so größere Beachtung erfordert die Frage der Einwirkung des Vergleichs auf das iudicium. Bevor aber hierauf näher eingegangen werden kann, ist auf eine Erscheinung aufmerksam zu machen, die, weil sie für den inneren Zusammenhang zwischen der positivrechtlichen Gestaltung der in den Prozeß fallenden Dispositionsakte und der Grundanlage des Verfahrens lehrreich ist, besonders hervorgehoben zu werden verdient. Die Prozeßtheorie hat nämlich von jeher die Erfahrung gemacht, daß die unmittelbare Ausbeute, welche die Quellen für die

---

[1] l. 2 D. de transact. 2, 15.

> Ulpian lib. 74 ad edict.) Transactum accipere quis potest non solum, si Aquiliana stipulatio fuerit subiecta, sed et si pactum conventum fuerit factum,

welche, wie die Inskription zeigt, ursprünglich in diesen Zusammenhang gehörte (vergl. Lenel, Palingenesia a. a. O.).

[2] Vergl. Keller, Röm. Civilprozeß § 36, S. 176. Bekker, Aktionen II, S. 21, Note 26. Wach, Handbuch I, S. 27, Note 6.

Frage nach der formalen Wirkung der Parteidisposition auf das iudicium gewähren, äußerst gering ist.[1]

Dies spricht dafür, daß die Frage nicht in dem Maße im Brennpunkte rechtlicher Erwägungen stand, wie im modernen Rechte. Auch ist der Grund hierfür nicht weit zu suchen: die mit der litis contestatio eintretende prozessuale Konsumtion legte den Schwerpunkt derart auf den Beginn des Verfahrens, daß der Frage nach seiner formalen Beendigung bei weitem nicht die Bedeutung zukam, wie heute, wo ein großer Teil der damals mit dem Prozeßbeginn unwiderruflich verknüpften Wirkungen sich auf den, sachliche Feststellung bringenden formalen Schlußakt des Verfahrens zurückgezogen hat. Es ist leicht, dies an einem Beispiel zu zeigen. Der Beklagte, welcher vom Kläger nach einem in iudicio geschlossenen Vergleiche mit erneuter Klage belangt wurde, brauchte sich nach klassischem Prozeßrecht nicht auf den abgeschlossenen Vergleich zu berufen, sondern war schon durch die mit der litis contestatio eingetretene prozessuale Konsumtion geschützt. Die Frage nach der etwaigen prozeßbeendigenden Wirkung des Vergleichs blieb daher bei der Entscheidung ganz aus dem Spiele. Doch wäre es zu weit gegangen, wenn man hieraus folgern wollte, daß die oben aufgeworfene Frage überhaupt aus dem Gedankenkreise der Quellen herausfalle. Die Bedeutung des iudicium als unentbehrliche Grundlage für ein giltiges Urteil sorgte dafür, daß die römische Prozeßdoktrin sich auch die Frage nach der formalen Wirkung der Parteidispostion auf das iudicium vorlegen und sie wenigstens implicite beantworten mußte.

Wo die moderne Litteratur die Frage berührt, hat sie sich meist im Sinne der prozessualen Einflußlosigkeit des Vergleichs ausgesprochen.[2] In der That läßt sich ein gewichtiges Argument hierfür schon aus der besonderen Natur der formula entnehmen.[3]

---

[1] Cf. Wetzell § 46, Note 5, S. 550. v. Bethmann-Hollweg, Versuche, S. 283 f.

[2] Keller, Röm. Civilprozeß § 70 a. E. S. 359. „Bloßer Vergleich und sonstiges Abstehen, desistere, liti renuntiare, ist keine direkte formale Beendigung des iudicium, sondern führt zu dieser nur mittelbar durch Kondemnation, Absolution, Prozeßverjährung u. dergl. Zustimmend Demelius confessio S. 240, Note 2. Bekker, Aktionen S. 356, 357 weicht gerade den prozessualen, an den Abschluß des Vergleichs im schwebenden Prozesse sich knüpfenden Fragen aus. Wetzell, System § 46, Note 5, S. 550 behandelt den Vergleich nur als causa des Verzichts auf den anhängigen Prozeß; indifferent auch die Bemerkung v. Bethmann-Hollwegs, Röm. C.P. Bd. II, § 103, Note 33.

[3] Mit der geringen Beachtung, welche die Frage in der Litteratur gefunden hat, hängt es zusammen, daß positive Quellenzeugnisse fast gar nicht beigebracht werden. Keller (Röm. C.P. Note 842) führt an: l. 20 § 1, l. 21

Es scheint von vornherein wenig glaublich, daß den Parteien die Befugnis zugestanden habe, den Richter von der ihm durch das Gebot des Magistrats auferlegten, also öffentlichrechtlichen Pflicht, zu judiciren, zu entbinden. Trotzdem kann eine Durchforschung der Quellen nach positivem Beweismaterial schon deshalb nicht unterbleiben, weil das für den Formularprozeß gewonnene Resultat nicht ohne weiteres auf die extraordinaria cognitio, also auch nicht auf den Prozeß der späteren Kaiserzeit übertragen werden dürfte.

Für den Formularprozeß kommen in erster Linie zwei Fragmente in Betracht, welche ausdrücklich des nach der litis contestatio geschlossenen Vergleichs gedenken. Es sind die aus Ulpians Sabinuskommentar stammende l. 23 § 3 D. de cond. ind. 12, 6 und die von Papinian herrührende l. 40 § 1 D. de pact. 2, 14.

Beide bestätigen die herrschende Meinung, daß dem Vergleiche eine Einwirkung auf das iudicium selbst fremd ist.

l. 23 § 3 D. de cond. ind. 12, 6 (Ulpianus lib. 43 ad Sabinum).

Si quis post transactionem condemnatus fuerit, dolo quidem id fit, sed tamen sententia valet; potuit autem quis, si quidem ante litem contestatam transegerit, volenti litem contestari opponere doli exceptionem; sed si post litem contestatam transactum est, nihilominus poterit exceptione uti doli post secuti; dolo enim facit, qui contra transactionem expertus amplius petit. ideo condemnatus repetere potest, quod ex causa transactionis dedit. Sane quidem

---

D. de min. 4, 4 l. 16, § 3 D. de bon. lib. 38, 2 und l. 4 Cod. de pact. 2, 3, beruft sich überdies auf die im ältern Rechte häufigen Fälle, in denen die Parteien trotz vergleichsweiser Beilegung des Streites die formelle Lösung des judicium durch Urteil herbeiführen, wozu auch die oben besprochene l. 26 D. de re jud. 42, 1 doch nicht nur diese gehört. Aber was die angeführten Stellen anlangt, so bezieht sich keine von ihnen auf den Vergleich; und eine analoge Anwendung könnte höchstens bei l. 4 Cod. de pact. 2, 3, bei welcher der Verzicht des Klägers auf Fortsetzung des Prozesses wahrscheinlich auf einen Erlaßvertrag zurückzuführen ist (beachte die Rubrik de pactis) in Frage kommen. Umgekehrt wird gerade diese Stelle auch als Beleg für die formelle Wirkung des Verzichts auf den Prozeß verwertet (z. B. Buchka II, S. 102 f.). Die übrigen Stellen beweisen nichts für den Verzicht (vergl. Wetzell a. a. O.), also noch weniger für den Vergleich. Endlich schließt bei den Vergleichen, die Keller zum Beweise heranzieht, schon die Willensrichtung der Parteien eine formale Wirkung auf den Prozeß aus. Wenn die Parteien sofort beim Vergleichsschlusse die Absicht haben, trotz desselben die formelle Erledigung des iudicium durch Urteil herbeizuführen, so kann freilich eine Beendigung des Verfahrens durch den Vergleich nicht in Frage kommen.

Eben deshalb aber kann von dem Mangel formell prozessualer Wirkung in diesen Fällen nicht auf die prozessuale Einflußlosigkeit einer Disposition, durch welche die Parteien die richterliche Entscheidung überflüssig machen wollen, geschlossen werden.

ob causam dedit neque repeti solet, quod ob causam datum est causa secuta: sed hic non videtur causa secuta cum transactioni non stetur. cum igitur repetitio oritur, transactionis exceptio locum non habet neque enim utrumque debet locum habere et repetitio et exceptio.

Der Kläger hat trotz eines mit dem Beklagten geschlossenen Vergleichs den Rechtsstreit zur gerichtlichen Entscheidung gebracht und obgesiegt.

In seiner Erörterung faßt der Jurist sowohl den Fall, daß der Vergleich vor, wie daß er nach der litis contestatio geschlossen war, ins Auge.

Uns interessiert speziell die Behandlung des nach der litis contestatio geschlossenen Vergleichs. Sie ist die einer gewöhnlichen peremptorischen Einrede. Hat der Kläger trotz des Vergleichs den Prozeß weiter betrieben und kondemnatorisches Urteil erlangt, so begeht er allerdings einen dolus, aber formell besteht das Urteil zu Recht (tamen sententia valet).

Der Beklagte kann nicht geltend machen, das das iudicium durch den Vergleich zum formellen Abschlusse gelangt sei, das Urteil daher als ein im Nichtprozesse ergangenes in der Luft stehe.[1] Er ist vielmehr auf die Geltendmachung des Vergleichs in dem Sinne angewiesen, daß der Richter ihn bei der Sachentscheidung berücksichtige. Folgeweise ist der Richter auch nicht befugt, auf Grund des ihm liquiden Vergleichs der Parteien die Sachentscheidung zu verweigern. Der Vergleich berührt nicht das iudicium, sondern nur die materielle Rechtslage der Parteien.[2]

---

[1] Wie es der Fall ist, wenn es nach bereits ergangenem Endurteile als 2. Endurteil in derselben Sache ergeht: l. 1 Cod. sententiam rescindi non posse 7, 50; l. 55 D. de re iud. 42, 1. (Ulpian lib. 51 ad Sabinum.) Iudex posteaquam semel sententiam dixit, postea iudex esse desinit: et hoc iure utimur, ut iudex, qui semel pluris vel minoris condemnavit, amplius corrigere sententiam suam non possit: semel enim male seu bene officio functus est.

[2] Auffallend ist, daß die exceptio doli auch bei einem erst nach der litis contestatio geschlossenen Vergleiche schlechthin zugebilligt wird, während der Richter sie doch bei den stricti iuris iudiciis an sich nur berücksichtigen konnte, wenn sie der Formel inseriert war. Es ist daher vielfach die Vermutung ausgesprochen worden, daß die Stelle interpoliert sei. So Puchta, Inst., § 172, Note k, Oumé-Kendjiro a. a. O., S. 52, welcher annimmt, daß Ulpian im ursprünglichen, von den Kompilatoren geänderten Texte die exceptio doli aus einem nach der litis contestatio geschlossenen Vergleiche erst der actio iudicati gegenüber zugebilligt habe. Unbedingt notwendig erscheint jedoch die Annahme einer solchen Interpolation nicht, wenn man sich vergegenwärtigt, daß gegen schuldlose Versäumnis peremptorischer Einreden schon

Freilich bezieht sich die l. 23 § 3 D. de cond. ind. nur auf einen durch bloßes pactum geschlossenen Vergleich. Man kann daher die Frage aufwerfen, wieweit die vorstehend gezogene Schlußfolgerung auch auf den Vergleich zutrifft, bei welchem die Parteien mittelst Aquiliana stipulatio und acceptilatio die obligatio selbst zerstört haben.

Die Antwort wird durch die rechtliche Natur dieser Acte diktirt. Auch sie beziehen sich nur auf das materielle Rechtsverhältnis der Parteien; sie tilgen den civilistischen Anspruch des Klägers gegen den Beklagten, aber nicht das durch Erteilung der Formula für den Kläger begründete publizistische Recht auf Entscheidung. Die acceptilatio steht der Zahlung gleich.[1] Der in dieser Form eingegangene Vergleich kommt also rechtlich als ein Akt in Betracht, welcher dem Kläger nach der litis contestatio Befriedigung gewährt. Als solcher verüberflüssigt er sowenig wie der mittels bloßer conventio geschlossene Vergleich die Sachentscheidung.[2] Wirkt dieser nur vermöge des in ihm enthaltenen pactums, so er nur durch die acceptilatio. Keine Partei kann sich daher auf den Abschluß des Vergleichs in dem Sinne berufen, daß er Recht und Pflicht des Richters zur Fällung sachlicher Entscheidung aufgehoben habe.

Auf die gleiche Ablehnung der formell prozeßbeendigenden Wirkung der Vergleichskonvention führt, was angesichts der gegen die Unverfälschtheit der Ulpianschen Stelle erhobenen Zweifel nicht unwichtig ist,

l. 40 § 1 D. de pact. 2, 14 (Pap. lib. I respons.).

Qui provocavit pactus est, intra diem certum pecunia, qua transegerat, non soluta, iudicatis se satisfacturum; judex appellationis nullo alio de principali causa discusso justam conventionem velut confessi sequetur.

---

zu Gaius Zeit Restitution gewährt wurde (Gaius, Inst. IV, 125) und Ulpian nach Lage des Falles die Gewährung der etwa erforderlichen Restitution hier als selbstverständlich voraussetzen konnte. Cf. übrigens z. B. l. 17 Cod. h. t.

[1] l. 5 D. de acceptilatione 46, 4 (Ulpian lib. 34 ad Sabinum). In diem acceptilatio facta nullius est momenti: nam solutionis exemplo acceptilatio solet liberare.

[2] Die bekannte Kontroverse der Sabinianer und Proculianer, von der Gaius IV, 114 berichtet, ob bei einem stricti iuris iudicium der Beklagte, welcher erst nach der litis contestatio leistet, der Kondemnation entgehe, bewegt sich zwischen der Frage der kondemnatorischen und absolutorischen Sachentscheidung. Daß auch in spätklassischer Zeit der Prozeß durch Zahlung nicht formell beendet wurde, beweisen Stellen, wie l. 25 D. de dolo malo 4, 3 und namentlich l. 60 pr. D. de cond. ind. 12, 6; (Paulus lib. III quaestionum) Julianus verum debitorem post litem contestatam manente adhuc iudicio negabat solventem repetere posse, quia nec absolutus nec condemnatus repetere posset rel.

Gegen ein ihn condemnirendes Urteil hat der Beklagte Berufung eingelegt und sich dann mit dem Kläger durch bloßes pactum dahin verglichen, bis zu einem bestimmten Termin eine im Vergleich festgesezte Geldsumme zu bezahlen, falls er aber bis dahin nicht gezahlt habe, dem Urteil Genüge zu leisten. Der Beklagte zahlt nicht. Welche Bedeutung hat der Berufungsrichter dem Vergleiche beizumessen?

Papinian entscheidet, daß er, die Giltigkeit des Vergleichs vorausgesetzt, die in diesem enthaltene Erklärung des Schuldners „velut confessi" zu befolgen habe, ohne sich auf die Erörterung des ursprünglichen Rechtsverhältnisses einzulassen.

Ueber die Bedeutung dieses „justam conventionem velut confessi sequetur" sind die Ansichten geteilt. Handelt es sich um die sofortige Anordnung der Exekution auf Grund der das Verfahren formell beendenden conventio? dann wirkte sie als Surrogat des zweitinstanzlichen Urteils.[1] Oder enthebt diese den über die Appellation Entscheidenden nicht der Urteilsfällung, sondern nur des Eingehens auf das ursprüngliche Rechtsverhältnis?

Zweifellos ist die zweite Ansicht die richtige:[2] Wenn die recht-

---

[1] Diese Ansicht war in der älteren Litteratur viel verbreitet, vergl. z. B. Bartolus ad h. l. § qui provocavit Num. 1 a. E. Tom. I fol. 89b.

Nota, non dicit, quod sententia mandetur executioni, sed ipsa conventio de solvendo et immo putarem, non male dicendum, quod iste § breviter hoc dicat, pactum de parendo sententiae, si transactioni non pareatur, meretur executionem sicut sententia et confessio.

Im wesentlichen dieselbe Meinung hatte nach dem Bericht Jasons a Mayno (ad h. l. § provocavit Num. 1, Tom. I, fol. 167b) bereits der der vorbartolistischen Generation angehörige Wilhelm de Cuneo (er war Zeitgenosse des Cinus, des Lehrers Bartolus, s. v. Savigny VI, S. 35) aufgestellt. Jason referiert sie mit den Worten:

> „Respondit Guilelmus, quod ista conventio, de qua in textu, facta post appellationem, de stando judicatis, succedit loco sententiae confirmatoriae ferendae per judicem appellationis et est perinde, ac si judex appellationis confirmasset primam sententiam".

Auch in der Folgezeit fand sie Vertreter in Joh. de Imola († 1436 v. Savigny, VI, S. 279) (Comm. ad l. a Divo Pio l. 15 D. de re jud. 42, 1) und Alexander Tartagnus († 1477 v. Savigny VI, S. 315), so daß Jason a. a. O. sie noch zu seiner Zeit als die herrschende bezeichnet, während er allerdings schon zu der 2. im Text aufgestellten hinneigt. (l. c. Num. 11.)

[2] Als ihren ältesten Vertreter nennt Jason a. a. O. den Odofred († 1265), welchem Baldus († 1400) und Bartholomeus de Saliceto († 1412) folgten. Auch Cuiacius (Comm. in lib. I resp. Papiniani ad h. l.) vertritt sie, indem er die Stelle dahin auslegt, daß der Appellationsrichter angewiesen werde, bei der rechtlichen Beurteilung nicht auf das frühere Rechtsverhältnis, sondern lediglich darauf zu sehen, ob eine giltige Vereinbarung rechtlich nicht mißbilligten Inhalts vorliege und also die Abrede der Parteien zur Grundlage eines von ihm zu fällenden Urteils zu nehmen.

liche Wirkung der Erklärung des transigierenden Schuldners der confessio gleichgesetzt wird, so kann nach dem Prozeßstadium, in dem sich die Sache zur Zeit des Vergleichsschlusses befindet, nicht die confessio in jure, sondern nur die confessio in iudicio gemeint sein. Nur die erstere aber ist Surrogat des Urteils in dem Sinne, daß sie unmittelbar prozeßbeendigende Wirkung und Exekutivkraft hat; die confessio in iudicio dagegen verüberflüssigt das Urteil nicht.

Soviel über den Formularprozeß. Da der Grund für den Mangel eines unmittelbaren Einflusses des Vergleichs auf das iudicium, wie bereits oben berührt, leicht in der Eigentümlichkeit des Prozeßeinleitungsaktes, der Formula, gesucht werden könnte, so ist es ein günstiger Umstand, daß einige Stellen erhalten geblieben sind, welche eine Prüfung der Vergleichswirkung in einem nicht dem Formelzwang unterworfenen Prozesse gestatten.

Sie betreffen die querela inofficiosi, welche, wie wir sicher wissen, niemals im Formularprozesse, sondern stets vor dem Centumviralgericht im Verfahren per legis actionem verhandelt worden ist.[1]

Von besonderer Wichtigkeit ist hier, schon der Rolle wegen, die sie bei Erörterung unserer Frage in der älteren Theorie spielt, die l. 6 Cod. de transact. 2, 4 (Imp. Alexander A. Pomponiis a. 230).

Cum mota inofficiosi querella matrem vestram cum diversa parte transegisse ita, ut partem bonorum susciperet et a lite discederet, proponatis, instaurari quidem semel omissam querellam per vos, qui matri heredes extitistis, juris ratio non sinit. Verum si fides placitis praestita non est, in id quod interest diversam partem recte convenietis: aut enim, si stipulatio conventioni subdita est, ex stipulatu actio competit, aut si omissa verborum obligatio est, utilis actio, quae praescriptis verbis rem gestam demonstrat, danda est.

Die Stelle ist ein auf Anfrage einer Partei ergangenes Reskript und proponirt folgenden Fall.[2]

Die Mutter der Anfragenden hat ein Testament ihres verstorbenen Sohnes, in dem sie übergangen worden ist, mit der Inofficiositätklage angegriffen, sich dann aber mit dem eingesetzten Erben dahin verglichen, daß dieser ihr einen Theil der Erbschaftssachen überlasse, wogegen sie vom Prozesse abstehe.

---

[1] Vergl. v. Bethmann-Hollweg Röm. Civilprozeß II, § 103, S. 486 a. E. Keller, Röm. Civilprozeß, § 6, S. 30. Lenel, edict., S. 111. Puchta, Inst. I, § 153, Note c.

[2] Vergl. Risch, S. 149, Note 18. Oumé-Kendjiro, pag. 79, Num. 75, pag. 83, Num. 78.

Bevor der Erbe geleistet hat, ist sie gestorben und ihre Erben, die Fragsteller, haben die Erfüllung des Vergleichs vom Beklagten gutwillig nicht erlangen können. Auf ihre hierdurch veranlaßte Anfrage, ob sie noch an den vom Gegner nicht erfüllten Vergleich gebunden seien oder wenigstens die Sachen erlangen könnten, entscheidet der Kaiser: die Rechtskonsequenz (juris ratio) lasse die Erneuerung der alten Klage nicht zu; sie könnten daher nur das vergleichsweise Versprochene fordern und zwar, falls über den Vergleich eine Stipulation abgeschlossen sei, mit der Stipulationsklage, andernfalls mit der ihnen dann zu gewährenden actio praescriptis verbis.[1]

Daß eine instauratio der Querel im Sinne ihrer Neuanstellung nicht zulässig ist, liegt nun freilich auf der Hand. Ist doch ihr Übergang auf die Erben daran geknüpft, daß sie schon präparirt, also prozessual entwickelt, in ein bestimmtes Prozeßrechtsverhältnis eingeschlossen ist (lis mota, vgl. l. 7 D. de inoff. test. 5, 2). Weshalb aber gestattet der Kaiser den Erben nicht, den begonnenen Prozess fortzusetzen und die entgegengesetzte exceptio transactionis mit der replicatio doli zurückzuschlagen, wie z. B. in den Fällen der l. 19, 28 Cod. de transact. 2, 4 und besonders der l. 27 pr. D. de inoff. test. 5, 2?[2] Der Gedanke liegt nicht fern, den Versagungsgrund darin zu suchen, daß der im Vergleiche ausgesprochene Verzicht auf die Querel das Verfahren formell beendet habe, also eine Sachentscheidung in dem ursprünglichen Prozesse nicht mehr herbeigeführt werden könne. In der That ist diese, den entscheidenden Punkt in einem prozessualen Grunde suchende Erklärung von jeher viel vertreten worden.[3]

Dennoch kann sie näherer Prüfung nicht standhalten. Zur Auf-

---

[1] Heimbach in Lindes Ztschr. f. Civ.-R. u. Proz. XI, S. 298 f. und Huschke, ebenda, Neue Folge V, S. 124 emendiren mit guten Gründen die „utilis actio“ des Textes in „actio civilis“.

[2] Ulpian lib. 6. opinionum: Si instituta de inofficioso testamento accusatione de lite pacto transactum est nec fides ab herede transactioni praestetur inofficiosi causam integram esse placuit.

[3] Schon von Thalelaeus in einem Scholium zu dem der l. 6 C. de transact. entsprechenden cap. 23, Bas. 11, 2 (Heimbach, Tom. I, pag. 694, Tom. VI Manuale) pag. 351): *οὐ μόνον οὖν ὡς διαλυσαμένης τῆς μητρὸς αὐτῶν ἀλλὰ καὶ ὡς ἀποταξαμένης ἀπεκλείσθησαν* (Non solum igitur, quod mater eorum transegit, sed et quod querelae renuntiavit, exclusi sunt.) Später von Bartolus zur lex si instituta (l. 27 D. de inoff. test. 5, 2), Albericus de Rosciate zur lex cum mota (l. 6 Cod. de transact. 2, 4): „dic, quod talis praeparatio (querelae) sublata erat per transactionem et renunciationem“ und überhaupt von den späteren Schriftstellern bis auf Alciat. Belege s. unten S. 36 f.

klärung des scheinbaren Widerspruchs zwischen l. 6 Cod. de transact. 2, 4 und l. 27 D. de inoff. test. 5, 2, genügt es, die Bestimmung der l. 15 § 1 D. de inoff. test. 5, 2 heranzuziehen.[1]

(Papinian lib. 14. quaest.) Heredi eius, qui post litem de inofficioso praeparatam mutata voluntate decessit, non datur de inofficioso querela: non enim sufficit litem instituere, si non in ea perseveret.

Die querela inofficiosi geht hiernach trotz ihrer Präperation auf die Erben dann nicht über, wenn der Verletzte, ehe er starb, seinen Sinn geändert hat: dies geschieht aber durch den Vergleichsschluß; dieser materielle Grund ist es, nicht eine durch l. 27 pr. D. de inoff. test. 5, 2 widerlegte prozessuale Einwirkung des Vergleichs auf das Verfahren, welcher die Erben an der Fortführung der Querel hindert.[2]

Es ergiebt sich hieraus die wichtige Konsequenz, daß die besondere Gestaltung des Formularprozesses als Erklärungsgrund für die prozessuale Einflußlosigkeit des Vergleichs nicht zureicht. Denn auch das auf andere Weise als durch Erteilung der formula begründete iudicium wird durch den Vergleichschluß nicht unmittelbar berührt.

Dieses Resultat giebt einen Fingerzeig für die bei der Untersuchung des späteren Kaiserprozesses zu beobachtende Methode. Aus dem Untergange des ordo iudiciorum privatorum allein kann nichts für die stärker eingreifende Wirkung des Vergleichs auf den Prozeß gefolgert werden. Die Frage muß vielmehr dahin gestellt werden, ob positive Gründe dafür vorhanden sind, daß die das klassische Recht durchdringende zivilistische Vergleichsauffassung im Laufe des späteren Kaiserprozesses einer anderen gewichen ist, welche seine Wirkung auf den Prozeß selbst ausdehnte.

---

[1] Auch diese Lösung deuten bereits die Basiliken an: Scholium des Stephanus ad verb. *κινεῖται πάλιν ἡ κατὰ τῆς διαθήκης μέμψις*, welches, nachdem der abweichenden Entscheidung der l. 6 Cod. de transact. 2, 4 gedacht ist, fortfährt: *ἵνα οὖν φύγῃς τὴν αντιότητα εἰπέ ὅτι τότε ἡ δεινοφ. φυλάττεται ὅτε μηδὲ ταύταις ἤδη ταῖς αγωγαῖς, ἃς δέδωκεν ἡ διάταξις ἐναχθεὶς ανάσχηται ὁ σκρίπτος πρὸς εὐγνωμοσύνην ἰδεῖν. ἢ μᾶλλον ὅπερ καὶ ἄμεινον ὅτε αὐτὸ τὸ διαλυσάμενον πρόσωπον περίεστι καὶ παρῃτήσατο. οὕτω γὰρ καὶ τῇ διατάξει τεδεμάτισται.* (Ut ergo contradictionem evites, dicas, tunc conservari querelam inofficiosi, cum heres scriptus ne his quidem actionibus, quos constitutio dedit, conventus bonam fidem agnoscat: vel potius, quod et melius est, cum ipsa persona, quae transegit supersit et repudiaverit. Sic enim et in constitutione species proposita est. Vergl. Heimbach, Basil. IV, S. 26, VI, S. 234.

[2] So im Resultate auch Demelius, confessio, S. 240, Anm. 2, ohne indessen auf die oben erörterte Schwierigkeit einzugehen.

Man könnte geneigt sein, in den zahlreichen, von Diocletian und Maximian in den Jahren 293 und 294, also gerade um den Wendepunkt der Prozeßgesetzgebung erlassenen Reskripten, in denen die Gleichstellung des Vergleichs mit dem Urteil und seine Eigenschaft „finem litis" zu bewirken, besonders eindringlich hervorgehoben wird,[1] eine Schwenkung nach der prozessualen Vergleichsauffassung ausgedrückt zu finden.

Dafür ließe sich weiter anführen, daß die verringerte Schärfe des Gegensatzes zwischen ius und iudicium im Cognitionenprozesse und die damit Hand in Hand gehende geringere Straffheit des Verfahrens[2] der formellen Wirkung der Parteidisposition auf das Verfahren günstiger scheint, als der ältere Prozeß mit seiner scharfen Scheidung zwischen einem bloß vorbereitenden Verfahren und einem zur Erledigung der Hauptsache bestimmten, schon durch seinen formellen Begründungsakt auf die entsprechende solenne Lösung durch Urteil deutenden Hauptverfahren. In der That legen einzelne Schriftsteller auf diese Veränderung soviel Gewicht, daß sie bezüglich der dem Vergleiche parallel gehenden Dispositionsakte Anerkenntnis und Verzicht trotz des Mangels eines positiven Quellenbeweises annehmen, sie hätten im Cognitionenprozesse nicht nur im Vorverfahren, sondern auch nach der litis contestatio unmittelbar prozeßbeendigend gewirkt.[3]

Aber abgesehen von dem besonderen Grunde, welcher gegen die formale Wirkung dieser einseitigen Dispositionsakte auf das iudicium spricht,[4] liegt speziell hinsichtlich des Verzichts und des Vergleichs ein Gegengrund von nicht zu unterschätzender Bedeutung in dem Mangel einer scharf hervortretenden prozessualen Form. Denn wenn sie auch faktisch vielfach zu Protokoll (apud

[1] Man denke an die l. 20 Cod. h. t.: Non minorem auctoritatem transactionum quam rerum iudicatarum esse recta ratione placuit . . ., und an die mehrfach sich findende Wendung: transactione finita resuscitari, instaurari non oportet (l. 16, 30 Cod. h. t.), eine Redeweise, die sich in ihrem wesentlichen Wortlaute in l. 5 Cod. de re iud. 7, 55 auf die Wirkung des Urteils angewendet findet: nec instaurari finita rerum iudicatarum patitur auctoritas.

[2] Cf. v. Bethmann-Hollweg, Röm. Civilprozeß III, S. 252 f.

[3] v. Bethmann-Hollweg, Röm. Civilprozeß III, S. 258, Note 29 und ihm folgend Demelius, confessio, S. 207; Buchka, Einfluß des Prozesses II, S. 101 f.

[4] Beide Parteien erlangen mit der litis contestatio ein festes Recht auf Entscheidung, das ihnen mangels entgegengesetzter positivrechtlicher Bestimmung durch einseitige Disposition der Gegenpartei nicht entzogen werden kann; daher halten denn auch v. Savigny, System VII, S. 44 sub Ziff. 4 und Wetzell, System, S. 550 mit Recht an der Notwendigkeit declaratorischen Urteils fest.

acta) gegeben werden, so existiert doch keineswegs ein Zwang dazu, und ein rechtlicher Unterschied zwischen protokollierten und nichtprotokollierten Erklärungen wird, abgesehen von der Beweisfrage, nicht gemacht. Es ist aber um so weniger anzunehmen, daß eine so einschneidende Folge, wie die formelle Prozeßbeendigung an die formlose Erklärung der Parteien geknüpft worden wäre, als für das Urteil in dieser Richtung die strengsten Formvorschriften aufgestellt sind. [1] Den Ausschlag giebt indessen das direkt aus den Quellen zu schöpfende Argument, daß die oben erörterten Stellen, welche bei Nichterfüllung des Vergleichs durch den Beklagten dem Kläger die Fortsetzung des Prozesses und die Elidierung der exceptio transactionis mit der replicatio doli gestatten, in die justinianische Kompilation einfach Aufnahme gefunden haben. Nach wie vor ist es also möglich, daß der Kläger nach abgeschlossenem Vergleiche gegen den Beklagten unter der Behauptung, daß dieser nicht erfüllt, oder beim Vergleichsschluß einen Dolus sich habe zu Schulden kommen lassen, den Prozeß fortsetzt und Sachurteil gegen ihn erstreitet.[2] Von einer formellen Wirkung des Vergleichs auf den Prozeß kann also nach wie vor nicht die Rede sein. Man muß daher annehmen, daß die Reskripte von „finis litis" in Folge geschlossenen Vergleichs nicht im eigentlich technischen Sinne reden, sondern nur die Unzulässigkeit einer materiellen Änderung der durch den Vergleich geschaffenen Lage bezeichnen wollen.

Eine wertvolle Bestätigung auch für den gerichtlich geschlossenen Vergleich, dem man prozessuale Wirksamkeit zuzuschreiben noch am leichtesten geneigt sein könnte, findet die obige Annahme durch die l. 28 Cod. h. t. v. J. 294 p. Chr.).[3]

Impp. Diocletianus et Maximianus Sapparutae. „Sive apud acta rectoris provinciae sive sine actis, scriptura intercedente vel non, transactio interposita est, hanc servari convenit. Sed quoniam, ut certum quid accipias, convenisse te, licet sine scriptura, proponis, nec huius rei causa stipulationem secutam esse, quamvis ex pacto non potuit nasci actio, tamen rerum vindicatione pendente, si exceptio pacti opposita fuerit, doli mali vel in factum replicatione usa poteris ad obsequium placitorum adversarium urgere."

Die Fragestellerin hat sich nach Erhebung eines Vindicationsprozesses zu einem mittels bloßen Paktums geschlossenen Vergleiche

[1] Verlesung ex periculo in öffentlicher Sitzung l. 2 Cod. de sent. ex periculo recit. 7, 44.

[2] l. 27 p. D. de inoff. test. 5, 2, l. 19, 28 Cod. de transact. 2, 4.

[3] Vergl. Risch, S. 152, Note 123.

herbeigelassen; der Beklagte leistet aber die versprochene Entschädigung nicht. Wie ist der Klägerin zu helfen?

Das Reskript rät, den Gegner durch Fortführung der alten Klage zur Erfüllung des Vergleichs gefügig zu machen. Es setzt also voraus, und zwar ohne daß ein Unterschied zwischen dem gerichtlich oder außergerichtlich geschlossenen Vergleiche gemacht wird (sive apud acta — sive sine actis), daß die ursprüngliche Klage nach dem Vergleichsschlusse noch anhängig ist, oder wenigstens noch anhängig sein kann (rerum vindicatione pendente), wobei die konditionale Fassung die Möglickeit eines Erlöschens des iudicium durch Prozeßverjährung berücksichtigt. Demnach bewirkt auch der gerichtliche Vergleich nicht die formale Beendigung des iudicium, sondern nur einen materiellen Aufhebungsgrund für den Klaganspruch. Und zwar muß dies nach dem bereits oben S. 18 Entwickelten nicht nur für den mittels bloßen pactums, sondern auch für den durch Aquiliana stipulatio und acceptilatio geschlossenen Vergleich gelten.

Dieser durchaus privatrechtlichen Auffassung des im Prozesse geschlossenen Vergleichs entspricht es, daß aus ihm Vollstreckung nicht gewährt wird.

Allerdings ist dieser Satz nicht unbestritten. Noch in der modernen Litteratur wird die Vollstreckbarkeit des heutigen gerichtlichen Vergleichs vielfach auf die römischen Quellen zurückgeführt und besonders der Ausspruch der l. 20 Cod. h. t.:

> „Non minorem auctoritatem transactionum quam rerum iudicatarum esse, recta ratione placuit"

zum Beweise der parata executio herangezogen.[1]

Hiergegen hat bereits Risch (S. 180 not. 13), im Anschlusse an einige ältere Schriftsteller (Glück und Holzschuher) mit Recht Verwahrung eingelegt. Thatsächlich braucht man nur die Erläuterung, die dem vorstehends citierten Satze in den Worten:

> „si quidem nihil ita fidei congruit humanae, quam ea, quae placuerant, custodiri"

angefügt wird, ins Auge zu fassen, um zu erkennen, daß als tertium comparationis zwischen Vergleich und Urteil nur die Eigen-

---

[1] So Muskat in Boedickers Magazin VIII, S. 207, Urteil des Reichsgerichts v. 24./6. 1887 (Entsch. Bd. XIX, S. 363: „Daß aus dem gerichtlich abgeschlossenen Vergfeiche gemäß § 702, Ziff. 1, 2 C.P.O. die Zwangsvollstreckung stattfindet, ist nur eine Anwendung und Folge des im Civilrecht anerkannten Grundsatzes, daß der Vergleich einem rechtskräftigen Urteile gleichzuachten sei (l. 20 Cod. de transact. 2, 4, art. 2052 des bürgerlichen Gesetzbuchs)". Vergl. ferner Wendt, Pand., S. 281; aus etwas früherer Zeit: Seuffert, Comm. z. Bayr. G.O. VI. Aufl. 4. Bd., S. 244, Note 8, Sächs. O.App.G. Entsch. v. 15./2. 1852, Wochenbl. 1853.

schaft des ersteren, in urteilsähnlicher Weise die Nachprüfung der ursprünglichen causa des streitigen Rechtsverhältnisses auszuschließen, gedacht ist.[1]

Doch läßt sich selbst positiv der Beweis dafür erbringen, daß der Vergleich mit Vollstreckungskraft nicht ausgestattet war. Für den durch bloßes pactum geschlossenen Vergleich folgt dies unmittelbar aus der oben S. 24 besprochenen l. 28 Cod. h. t., in der ein direktes Mittel zur Erlangung des vergleichsweise Geschuldeten überhaupt nicht gewährt, sondern die Klägerin auf die Ausübung eines indirekten Zwanges durch Fortführung der alten actio angewiesen wird. Die Frage kann daher nur für den Fall aufgeworfen werden, daß dem Vergleiche (vermöge reeller Leistung oder seiner Einkleidung in die Form der Stipulation, s. o. S. 11) eine Klage entsprungen ist und ist dann dahin zu wenden, ob die Vergleichsklage die bevorzugte Natur der actio iudicati teile.

Vergegenwärtigt man sich nun, daß es im römischen Rechte eine individuelle Vergleichsklage nicht giebt, sondern die aus dem Vergleich geschuldeten Leistungen je nach der Form seiner Eingehung mit der actio ex stipulatu oder einer der Klagkategorieen der actio praescriptis verbis einzuklagen sind, zieht man ferner in Betracht, daß nirgends auch nur eine Spur davon ersichtlich ist, daß die Stipulationsklage oder die actio praescriptis verbis deshalb, weil sie in concreto der Einklagung vergleichsweise geschuldeter Leistungen dienten, prozessualisch privilegirt gewesen seien, so erhellt, wie grundlos die Annahme ist, daß dem Vergleiche etwas wie parate Execution zugekommen sei.

Fassen wir die bisherigen Erörterungen zusammen, so ergiebt sich, daß das römische Prozeßrecht gegen den Unterschied des Abschlusses des Vergleichs vor oder im Prozesse unempfindlich ist. Hier wie dort wirkt die transactio — abgesehen von dem S. 12 erörterten Sonderfalle — nur durch das Mittel materieller Rechtsveränderung, nicht durch prozessuale Einwirkung auf das iudicium. Mithin handelt es sich trotz Quellenaussprüchen, wie dem schon citierten:

„Non minorem auctoritatem transactionum, quam rerum iudicatarum esse“

nicht um eigentliche, durch Akkommodation prozessualer Wirkungen herbeigeführte Rechtskraft, sondern nur um äußerlich ähnliche, durch Beschränkung der zivilen Anfechtbarkeit herbeigeführte Folgen. Äußerlich zeigt sich diese Inkohärenz mit dem Verfahren schon

---

[1] Vergl. das Basilikenscholion zu Kap. XXXVII, Bas. 11, 2 (l. 20 Cod. h. t.) „*Τῆς ἐῤῥωμένης ἀποφάσεως ανατροπὴ οὐκ ἔστι, τοῦτο δέ φησι κρατεῖ καὶ ἐπὶ διαλύσεως.*

durch den Mangel einer besonderen prozessualen Vergleichsform. Zwar kann der Vergleich vor Gericht geschlossen und zu Protokoll gegeben werden (l. 28 Cod. h. t.), es knüpfen sich aber, wie gerade aus der zitierten Stelle zur Evidenz hervorgeht, deshalb keine besonderen Wirkungen an ihn, die gerichtliche Form dient nur der Sicherung des Beweises.

Da der organische Zusammenhang mit dem Verfahren mangelt, so ist es ferner nicht wunderbar, daß die Prozeßvollmacht nach römischem Rechte zum Vergleichsschlusse nicht legitimiert, sondern Spezialvollmacht verlangt wird (l. 7 Cod. h. t., l. 10 Cod. de procur. 2, 13, l. 60 D. de procur. 3, 3).

So stellt sich der Vergleich, rein nach der Seite seiner rechtlichen Struktur betrachtet, dar. Fassen wir aber den praktischen Erfolg seines Abschlusses für das Rechtsverhältnis der Parteien ins Auge, so wird dieser nur dann richtig gewürdigt, wenn die durch die Grundanlage des Verfahrens bedingten prozessualen Wirkungen, soweit sie in concreto eingetreten sind, zu den Vergleichswirkungen addirt werden. Ist der Vergleich nach der litis contestatio geschlossen, so ist dem Kläger die erneute Klagerhebung nicht erst durch den Vergleich, sondern schon durch die prozessuale Konsumtion abgeschnitten. Es liegt also im Organismus des Verfahrens selbst ein Element, welches die nach der litis contestatio vergleichsweise getroffene Feststellung in erhöhtem Maße gegen erneute Anfechtung sichert. Mit dem Verschwinden der prozessualen Konsumtion mußte diese Wirkung fortfallen. Im folgenden soll nun gezeigt werden, daß eine neue Entwickelung beginnt, welche dahin strebt, den Vergleich zum formellen Schlußakte des Verfahrens umzuwandeln und mit ihm die Wirkungen zu verknüpfen, welche dem seinem letzten Grunde nach prozessualen Gedanken entspringen, daß die einmal endgiltig beigelegte Sache nicht wieder Gegenstand neuen Prozesses sein solle — eine Entwicklung, die ihren Abschluß in der Gestaltung des nach der Klagerhebung gerichtlich geschlossenen Vergleichs zum Urteilssurrogate gefunden hat.

Im nächsten § soll der Anteil, den das deutsche und das kanonische Recht von dieser Entwickelung haben, dargestellt werden.

## § 2. Die Sühne im langobardischen, mittelalterlich-deutschen und kanonischen Prozesse.

Es ist bekannt, daß das früheste und zugleich stärkste Einströmen germanischer Rechtsgedanken in die Prozeßdoktrin noch in Italien hauptsächlich durch Vermittelung der Postglossatoren erfolgt ist.[1] Wo diese germanischen Einflüssen nachgeben, stehen sie mittelbar auf dem Boden des alten langobardischen Stammesrechts. Dieses ist daher bei unserer Untersuchung in erster Linie zu berücksichtigen. Daneben ist für die Zeit nach der Rezeption das spätmittelalterliche deutsche Recht in Betracht zu ziehen, weil dieses seinerseits an der Fortbildung des rezipirten Prozesses mitwirkt.

Das germanische Rechtsinstitut, welches hinsichtlich seiner praktischen Bedeutung für das Rechtsleben der römischen transactio entspricht, ist die Sühne, die vertragsmäßige friedliche Schlichtung eines zwischen den Parteien in Folge einer Rechtsverletzung entstandenen Streites.[2]

Freilich bestehen zwischen ihr und der transactio sowohl in materieller als formeller Hinsicht wichtige Unterschiede. In ersterer, sofern die römische transactio nicht von dem Begriffe der Rechtsverletzung, sondern von dem des streitigen oder ungewissen Rechtsverhältnisses ausgeht. In letzterer, sofern die Sühne in weit engerer Verbindung mit dem Verfahren, ja geradezu als organischer Abschluß desselben erscheint. Denn das Urteil legt dem Beklagten nicht ohne weiteres die Buße, sondern den Abschluß eines Sühnevertrags mit dem Kläger auf, eines Vertrags, der gerichtlich in der Form der wadiatio, des Wettvertrags, eingegangen wird.[3] Bedeutsamer noch ist der Unterschied in der prozessualen Behandlung der transactio und der Sühne, wenn es trotz des Friedensschlusses zu erneutem Streit kommt.

In einem solchen Falle kann die angegriffene Partei nach langobardischem Rechte unter Berufung auf die abgeschlossene Sühne ihre Mitwirkung zur Prozeßbegründung verweigern; sie ist berechtigt, sich „der Antwort zu wehren", so daß es im Falle der Begründetheit der Einrede überhaupt nicht zur sachlichen Entscheidung kommt, sondern Lossprechung des Beklagten von der Verpflichtung zur Antwort erfolgt.

---

[1] Siehe namentlich Briegleb, Geschichte des Exekutivprozesses, S. 14.
[2] Vergl. Brunner I, S. 179.
[3] Das Nähere s. bei Brunner I, S. 179, II, S. 365 f.

Ein anschauliches Bild hiervon liefern besonders die Gerichtsformeln, welche in Folge der Thätigkeit der langobardischen Jurisprudenz in den Jahren 1019—1037 zum Liber Papiensis entstanden.[1]

Form. zu Rothari cap. 74. (Padelletti S. 56).

(Das Gesetz erhöht die auf Verwundungen gesetzten Bußen und bestimmt zugleich, daß der innerhalb Jahresfrist in Folge der Verwundung eintretende Tod besonders gebüßt werden solle. Die Formel knüpft an die Gesetzesworte an, daß nach empfangener Komposition faida, quod est inimicitia postponatur et amplius non requiratur, nec dolus teneatur sed sit sibi causa finita,[2] amicitia manentem).

Petre, te appellat Martinus, quod tu fecisti ad patrem suam unam plagam et fuit mortuus de ipsa plaga inter anni spatium. Ipse fecit mihi finem de ista plaga. De plaga potuit tibi facere finem, sed non de morte.

Form. zu Rothari cap. 360. 361 (Padelletti S. 159).

Petre, te appellat Johannes, quod tu consiliatus eo de morte sua. — Non tibi respondeo, quia altera vice me appellasti et ego vadiam et fideiussorum de sacramento dedi et fui paratus ad illud dandum et tu toto anno voluntarie audire dilatasti.

Form. zu Luitprand cap. 75 (Padelletti I, S. 230).

Petre, te appellat Martinus, quod tu tenes sibi malo ordine terram in tali loco. — Non tibi respondeo, quia ecce noticiam, per quam tu fecisti mihi finem de ipsa terra . . rel.

Form. ad l. 3 (2) Ott. (Padelletti S. 446).

Petre, te appellat Martinus, quod ipse fuit investitus ad proprium de una casa solariata et tu malo ordine eum disvestisti. — Non tibi respondeo, quia tu fuisti iudicatus ad mortem, (Karol. M. 45) aut fecisti raptum aut furtum aut incendium, aut perjurium (Expos. ad Loth. 78 § 2) aut es servus (Loth. 78) de dominico aut fecisti homicidium aut mihi inde finem fecisti. Aut probet aut emendet bannum et respondeat.

Ganz die gleiche prozessuale Behandlung findet die Sühne im mittelalterlich deutschen Rechte, speziell zur Zeit der Rechtsbücher. Auch hier ist der Effekt der gütlichen Beilegung des Streites, daß die trotz derselben wieder vor Gericht geforderte Partei sich auf den Prozeß nicht einzulassen braucht, sondern, wenn sie nach dem Klagvortrag des Klägers vom Richter „zur Antwort geboten wird“

---

[1] Vergl. Brunner I, S. 390. Die Citate sind nach Padelletti, fontes iuris Italici medii aevi 1877, einem Abdruck der Ausgabe von Bluhme in den Monumenta Germaniae historica gegeben, da mir die Originalausgabe nicht zugänglich war. Vergl. übrigens S. 32, Note 1.

[2] Scheint ein Anklang an l. 10, 16, Cod. de transact. 2, 4.

unter Berufung auf die abgeschlossene Sühne sich der Antwort wehren kann. Gelingt der Beweis, so wird der Beklagte von der Verpflichtung zur Einlassung in den Prozeß losgesprochen, es kommt mithin gar nicht zur Prozeßbegründung.[1] Diese Wirkung teilt die Sühne mit dem Urteile; auch dieses berechtigt die Partei, welche in derselben Sache wieder vor Gericht gefordert wird, zur Antwortsweigerung.

An sich kann der Vergleich sowohl vor Gericht als außergerichtlich geschlossen werden. Doch gab es einen Umstand, der dahin wirken mochte, daß bei anhängigen Sachen der Weg des gerichtlichen Vergleichsschlusses vorgezogen wurde und der im Zusammenhange mit der späteren Entwickelung dem gerichtlichen Vergleiche eine privilegierte Stellung verschaffen mußte. Dies ist der Beweisvorzug, welchen der gerichtlich geschlossene dem außergerichtlichen gegenüber dadurch genießt, daß er durch Gerichtszeugnis, welches durch anderen Beweis nicht zu entkräften ist,[2] bewiesen werden kann. Suchen wir schließlich das Charakteristische der germanischen Auffassung im Gegensatz zur römischen zu erfassen, so beruht es darauf, daß der Friedensschluß der Parteien wegen seiner auf endgültige Streitaustragung gerichteten Tendenz die dem Urteil eigentümlichen Wirkungen usurpiert, soweit sie auf dem Gedanken beruhen, daß die einmal entschiedene Sache nicht zum Gegenstande neuen Prozesses gemacht werden soll. Hieraus ergiebt sich die vollere Wirkung der deutschen Sühne im Vergleich zur römischen transactio. Sie giebt der von neuem angegriffenen Partei nicht nur die Anwartschaft auf günstige Sachentscheidung; sie urgiert vielmehr das Moment der endgültigen Streitaustragung, welche nicht gestattet, die erledigte Sache von neuem zum Prozeßgegenstande zu machen. Sie zerstört den Einlassungszwang, hat also nicht nur privatrechtliche, sondern auch prozessuale Rechtsfolgen, ist echtes Urteilssurrogat. Das Fortwirken dieser Auffassung in der Doktrin ist unten darzulegen.

Vorerst ist noch eine für die spätere Entwickelung wichtige Bestimmung des kanonischen Rechts zu erwähnen.

Ein eigentlicher Vergleich als entgeltlicher Vertrag des römischen Rechts konnte zwar hier in spiritualibus nicht geschlossen werden, weil er sich als Fall der Simonie dargestellt hätte.[3]

---

[1] Planck, Gerichtsverfahren im Mittelalter I, S. 335.

[2] Planck, Gerichtsverfahren im Mittelalter II, § 121, S. 180.

[3] c. 7 X. de transact. 1, 36. Dazu Damasi regulae canonicae Regula 28 (a. a. O. pag. 768): Transactio intervenire in spiritualibus non potest, sed amicabilis compositio. Ebenso Baldus zu c. 7 X. de transact.. Num. I (fol. 136 b) Super ecclesiastico beneficio non potest transigi, licet possit amicabiliter componi.

Es konnten aber die Parteien ihre Streitsache einem sogenannten amicabilis compositor unterbreiten, damit dieser sie, nicht durch die bindende Kraft seines Spruches,[1] sondern auf dem Wege gütlicher Verhandlungen und Zuredens vereinige.

Als Übertragung der Funktion des amicabilis compositor auf den Richter erscheint die Bestimmung der c. 1. X. de transact. 1, 36 . . .

„Poteris etiam ad componendum interponere partes tuas, et interdum aliquid severitati detrahere prout statu imperii et excedentium multitudine provida deliberatione pensatis, videris expedire. exceptis nimirum casibus qui compositionis sive dispensationis remedium non admittant . . . rel.“, in der dem Richter zur Pflicht gemacht wird, sich um das Zustandekommen eines gütlichen Ausgleichs unter den Parteien zu bemühen. Hierin, in Verbindung mit der schon vorhandenen germanischen Sitte des gerichtlichen Vergleichsschlusses hat man den Keim des heutigen Prozeßvergleichs zu suchen; denn der Vergleich fand, nun ihm einmal das richterliche Amt dienstbar gemacht worden war, seinen festen Platz im Prozesse und bewahrte ihn sich auch im weltlichen Gerichte.

---

## § 3. Die italienische Doktrin.

Bis gegen Ende der Glossatorenzeit lehnt sich die Auffassung des Vergleichs eng an die der römischen Quellen an. Weder bei Azo[2] (zwischen 1220 und 1230), noch bei den ungefähr gleichzeitigen Prozessualisten[3] sind Anklänge an die im vorigen Paragraphen geschilderte, dem langobardischen Rechte eigentümliche prozessuale Behandlung des Vergleichs nachweisbar. Dies ändert sich aber im zweiten Viertel des 13. Jahrhunderts. Der germanische Gerichtsgebrauch, daß der Beklagte, der sich auf die geschlossene Sühne, oder auf ein in der Sache bereits ergangenes

---

[1] Es war unzulässig, daß die Parteien sich durch Kompromiß an den Spruch des amicabilis compositor banden, quia „compromittendo videntur partes transigere“ Alciat in rubrica de transactionibus Cod. 2, 4, § 5.

[2] Summa in Cod. Tit. de transactionibus 2, 4; Tit. de exceptionibus sive praescriptionibus 8, 35 (36) (vergl. v. Savigny, Geschichte des röm. Rechts im Mittelalter, VI, S. 7, 8, 27 f.).

[3] Pillii Summa de ordine iudiciorum Part 2, § 2 f. de exceptionibus ed. Bergmann, S. 23 f. (um 1200 cf. v. Savigny, Bd. IV, S. 346) Tancredi ordo iudiciarius Part. 2 Tit. 5 de except. et replic. ed. Bergmann, S. 139 f. (geschr. um 1214 cf. v. Savigny, Bd. V, S. 128) Gratiae Aretini Summa de iudiciario ordine (1. Viertel des 13. Jahrh.) v. Savigny, Bd. 5, S. 158 f.

Urteil beruft, sich der Antwort wehren kann, wird zunächst von der Glosse, dann von der kirchlichen Gesetzgebung in der Form sanktioniert, daß Vergleich und Urteil als sog. prozeßhindernde Einreden (exceptiones litis ingressum impedientes) aufgestellt werden.[1] Wichtiger noch hinsichtlich des Vergleichs ist, daß es sich hierbei nicht um eine bloß mechanische Übertragung der prozessualen Behandlung der Vergleichseinrede handelt, sondern daß gleichzeitig die rechtliche Auffassung des Vergleichs, welche zu solcher Behandlung Anlaß gegeben hatte, in die Doktrin eindringt. Dieser wird die Vorstellung geläufig, daß der Grund für die prozeßhindernde Eigenschaft des Vergleichs darin liege, daß er, wie das Urteil, den Prozeß beende; der Gedanke involviert, wenn der Ausspruch im technischen Sinne gemeint ist, die Auffassung des Vergleichs als Urteilssurrogat — und in der That war die italienische Jurisprudenz, wie unten dargethan werden soll, durchaus geneigt, diese Auffassung zur Geltung zu bringen. Dies zeigt sich namentlich in dem Bestreben, dem Vergleiche, soweit die positiven Quellenaussprüche es gestatten, formell prozeßbeendigende Wirkung beizulegen. Den Kommentatoren der römischen Rechtsquellen freilich konnte dies nicht durchgängig gelingen, weil speziell die auf den Vergleich als bloßes pactum bezüglichen Quellenstellen der Umdeutung der Vergleichswirkung in prozessualem Sinne spotteten. Dieses Hindernis schwindet jedoch mit dem Eindringen der kanonistischen Lehre, welche die Wirkung des formlosen Vertrags derjenigen der vom Civilrechte geforderten solennen Akte gleichstellt. Dies ist nunmehr im einzelnen nachzuweisen.

Sobald in der italienischen Doktrin das Bedürfnis nach theoretischer Rechtfertigung der prozeßhindernden Natur der exceptio transactionis und rei iudicatae erwachte, war sie vor eine doppelte Aufgabe gestellt: es war in den Quellen eine positive Unterlage für die erwähnte Eigenschaft der Vergleichseinrede und der exceptio rei iudicatae zu suchen, und es war auf dem Wege der Abstraktion der innere Grund für ihre Privilegierung den anderen peremtorischen Einreden gegenüber aufzufinden. Das der damaligen Jurisprudenz gegebene Stoffgebiet und der sie beherrschende Ideenkreis wies sie aber mit Notwendigkeit auf die römischen Quellen hin. Kein Wunder,

---

[1] Darauf, daß es aus dem germanischen Rechte stammende Anschauungen sind, welche diese Einrede zu prozesshindernden gestaltet haben, hat zuerst Planck (Beweisurteil, S. 42, Note 2) hingewiesen. Kannengießer (die prozeßhindernde Einrede, Leipzig 1878. hat durch Anführung des größten Teils der oben S. 43 f. mitgeteilten Belege (a. a. O. S. 66) den Beweis für das langobardische Recht geführt.

daß die Theorie an der Hand dieser den oben bezeichneten Erklärungsversuch unternahm.

Nun fanden sich zwei Stellen, welche für den Vergleich die erwartete Disposition zu enthalten schienen. Es waren die oben besprochene l. 23 § 3 D. de cond. ind. 12, 6, in welcher der Passus:

„potuit autem quis, si quidem ante litem contestatam transegerit volenti litem contestari opponere doli exceptionem“

mißverständlich dahin ausgelegt wurde, daß die vor der litis contestatio vorgeschützte Vergleichseinrede den Prozeßbeginn hindere,[1] und die l. 10 Cod. de transact. 2, 4:

„Fratris tui filiis de paterna successione ac statu etiam nunc contra fidem sanguinis itemque placitorum quaestionem inferre parum probe postulas. nullus enim erit finis litium, si a transactionibus bona fide interpositis coeperit facile discedi“,

die dahin interpretiert wurde, daß dem Anfragenden die Befugnis zur Prozeßanstellung abgesprochen werde, dem Gegner daher die Einrede des Vergleichs als prozeßhindernde zustehe.

Dagegen war kein Fragment aufzutreiben, aus dem sich der Beweis hinsichtlich des Urteils direkt hätte führen lassen.

Die herrschende Meinung (s. Wetzell § 70 Not. 77f.) nimmt nun an, daß von der in den Quellen bezeugten Verwandtschaft zwischen Judikat und Vergleich direkt auf die mit der Vergleichseinrede identische Wirkung der exceptio rei iudicatae geschlossen worden sei und daß, wenn später als dritte prozesshindernde Einrede die exceptio rei finitae aufgestellt worden sei, dies auf den äußeren Umstand zurückgeführt werden müsse, das die „res finita“ in den Quellen vielfach im Zusammenhange mit der res iudicata und transacta genannt werde.[2] Meines Erachtens trifft diese Annahme, nach der die Entwickelung in der Hauptsache an äußerliche Momente angeknüpft hätte, den von der italienischen Litteratur eingeschlagenen Gedankengang nicht. Ihr Weg war vielmehr, wie sich aus den unten wiedergegebenen Litteraturzeugnissen entnehmen läßt, folgender:

Aus dem letzten Satze der l. 10 Cod. de transact. 2, 4 wurde abgeleitet, daß der Grund für die prozeßhindernde Natur der Einrede des Vergleichs in dessen Eigenschaft, finem litis zu bewirken, zu suchen sei.[3]

---

[1] Gl. Contestari: Nota, transactionis exceptionem impedire processum negotii principalis: sic et in exceptione rei iudicatae, secus in aliis peremptoriis, extra de lite contestata c. exceptionis.

[2] Vergl. Wetzell a. a. O. § 70, Note 77, S. 961. Albrecht, die Exceptionen des gemeinen deutschen Civilrechtes, S. 119 f.

[3] Man vergleiche das Summarium des Alexander Tartagnus zu dieser lex: Exceptio transactionis impedit processum inchoari super his, quae per trans-

Dieselbe Eigenschaft wurde aber in der l. 1 D. de re iudicata 42, 1 dem Urteile ausdrücklich beigelegt.

Modestinus lib. 7 pandectarum: Res iudicata dicitur, quae finem controversiarum pronunciatione iudicis accipit: quod vel condemnatione vel absolutione contingit.

Hieraus ergab sich mittels eines einfachen Analogieschlusses die prozeßhindernde Natur der exceptio rei iudicatae. Die gemeinschaftliche Subsumtion der exceptio rei transactae und rei iudicatae unter den Begriff der exceptio litis finitae bildete also das notwendige Mittelglied, welches die Ableitung der prozeßhindernden Natur der exc. rei iud. aus den römischen Quellen erst ermöglichte. Bei dieser Gedankenentwicklung mußte der Ausdruck lis finita aus zwei Gründen in rein prozessualem Sinne aufgefaßt werden. Der erste ist, daß an der formalen Wirkung des Urteils auf das Verfahren niemals gezweifelt werden konnte; der zweite, daß dem Ausdruck „lis" nach der überwiegenden Meinung im Gegensatze zu dem allgemeineren Ausdrucke „causa" die technische Bedeutung von Prozeß, iudicium zukommen sollte.[1]

So wurde denn auch von echten Einreden (sog. exceptiones juris, im Gegensatze zu den den Mangel einer actio überhaupt rügenden exceptiones facti sive intentionis s. S. 35 Note 1) nur solche unter die exceptiones litis finitae gerechnet, welche nicht rein materiellen, sondern prozessualen Inhalt haben, entweder die formale Beendigung des früheren judicium geltend machen, oder einen Verzicht auf das prozessuale Klagrecht (im Gegensatze zum materiellen Rechte) behaupten. So unterscheidet z. B. Innocenz IV. in seinem Kommentar zu seiner 1245 publizierten Dekretale cap. 1 de lit. cont. in VI°[2] scharf zwischen pactum de non agendo, welches sich auf das prozessuale Klagerecht, und pactum de non petendo, welches sich auf das materielle Recht bezieht und spricht nur der auf das erstere gestützten Einrede die Qualität einer exceptio litis finitae zu.[3] Und

---

actionem remissa fuerunt et sic impedit litis ingressum seu contestationem; quia est exceptio litis finitae et ad hoc allegatur semper ista lex. Weitere Belege s. in Anhang II, 2.

[1] Statt Aller Bartolus Comm. ad. leg. Causas vel lites (l. 16 Cod. h. t.) Num. 1 (Tom. VII, fol. 53b) „Ego puto, quod lis dicatur post litem contestatam, causa vero, cum sit nomen generale, ante et post."

[2] „Exceptionis peremptoriae, seu defensionis cuiuslibet principalis cognitionem negotii contingentis ante litem contestatam objectus, nisi de re judicata, transacta, seu finita excipiat litigator, litis contestationem non impediat nec retardet .... rel.

[3] Den Wortlaut der angezogenen Kommentarstelle s. im Anhang Nr. 1. Die erwähnte Unterscheidung ist sowohl von Durantis (Speculum lib. II, partic. I Rubr. de except. et replic. Tit. except. peremptoriae quando oppo-

Bartolus erkennt den Zusammenhang zwischen der formell prozeßbeendigenden Wirkung eines Thatbestandes und der prozeßhindernden Eigenschaft der ihm entspringenden Einrede dadurch an, daß er aus der unmittelbar prozeßabschließenden Funktion des Verzichtes die Natur der exceptio renunciationis als einer exceptio litis ingressum impediens folgert.[1]

Durch die vorstehenden Erörterungen ist dargethan, daß ein starker Antrieb dazu bestand, das Correlat der prozeßhindernden Eigenschaft des Vergleichs darin zu suchen, daß er den Prozeß formell beendige.

Nunmehr ist der Frage näher zu treten, wie weit die italienische Jurisprudenz bei der Interpretation der Quellen diesem Antriebe nachgegeben hat. Zu diesem Zwecke sollen im Folgenden zunächst

---

nantur Num. 87, als von Bartolus z. l. 23, § 3 D. de cond. ind. 12, 6 (Tom. II, fol. 48b) aufgenommen worden.

[1] Bartolus Comm. z. l. Postquam liti (l. 4 Cod. de pact. 2, 3) Num. 8 (Tom. VII, Fol. 42b).

Ultimo nota unum, quod exceptio quae oritur ex hoc pacto vel renunciatione facta liti, impedit litis ingressum. Et sic potest opponi ante litem contestatam et impedit eam; hoc apparet ex isto textu in duobus. Primo in eo, quod dicit causam finitam etc. Nam exceptio rei finitae sine dubio impedit litis contestationem c. 1 de lit. cont. in VI⁰ et l. eleganter § si quis post ff. de cond. ind. (l. 23, § 3 D. de cond. ind. 12, 6.) Item ex eo, quod dicit instaurari posse nulla ratio permittit, quae verba respiciunt ipsum processum ad impediendum eum, quia dicunt, lis de novo non poterit inchoari, ergo impedit contestari.

Weitere Belegstellen s. im Anhang Nr. 2 f.

Näher auf die vielumstrittene Theorie der prozeßhindernden Einreden einzugehen, ist hier nicht am Platze; nur soviel sei bemerkt, daß in der seitherigen Litteratur der Umstand nicht genügend gewürdigt worden ist, daß die prozeßhindernden Einreden aus zwei völlig verschiedenen Gruppen bestehen. Die erste ist die der exceptiones facti sive intentionis. Sie werden als prozeßhindernd behandelt, weil sie den Mangel einer actio rügen und „sine actione nemo experitur“ (Bartolus z. l. si pupilli § Videamus l. 6 § 12 D. de neg. gest. 3, 5, Num. 7). Die 2. Gruppe bilden diejenigen exceptiones iuris, welche nicht rein materieller, sondern in dem oben ausgeführten Sinne prozessualer Natur sind. Den Unterschied zwischen beiden Gruppen hat namentlich Albrecht a. a. O., S. 119 f. verwischt, indem er übertriebenes Gewicht darauf legt, daß die exceptio transactionis von der Glosse als exceptio facti bezeichnet werde (S. 121) und annimmt, daß dieser Umstand der Übertragung der prozeßhindernden Eigenschaft auf alle exceptiones facti Vorschub geleistet habe. Aber die Vergleichseinrede wird von der Glosse nur da, und zwar völlig korrekt als exceptio facti bezeichnet, wo der Vergleich mittelst Aquiliana stipulatio und acceptilatio geschlossen, die alte actio also formell getilgt worden ist, während die Gl. Contingentis zu l. 23 § 3 D. de cond. ind. 12, 6, die Hauptstelle für die Prozeßeinredentheorie, an einen mittelst bloßen pactums geschlossenen Vergleich, dem also eine wahre exceptio (eine exceptio iuris im Sinne der Glosse) entspringt, anknüpft.

3*

die mir zugänglich gewesenen Zeugnisse der Litteratur, die sich zweifellos um Vieles vermehren ließen, zusammengestellt werden.

Bartolus († 1357) z. l. si diversa (l. 14 C. h. t.) (Tom. VII, Fol. 53[a], Ziff. 5). Hinc intendo quaerere quando receditur a transactione, utrum actor debeat redire ad primam instantiam, an vero instantia debeat inchoari de novo. Et quod ad primam redeat videtur probari in l. sive apud acta initio eod., quod debeat inchoare de novo videtur textus hic, dum dicit, causam ex integro agi. Pro hoc facit supra eod. l. cum mota (l. 6. Cod. h. t.), ubi per transactionem perimitur instantia et omnis eius effectus. Si enim non periret ipso jure querela praeparata, ipso jure ad heredes transiret. Sed ibi dicitur contrarium nec potest instantia perempta consensu partium restaurari quia a mero consensu partium non dependebat. dubito, ideo non determino.

Derselbe z. l. sive apud acta l. 28 C. h. t., Ziff. 25. Quaero hic, vendicatione pendente utrum actor habeat prosequi primam instantiam, vel habeat necesse, de novo inchoare? Textus hic videtur velle, quod prosequatur instantiam.

Paulus de Castro († 1441) a. a. O. Comm. in l. 28 Cod. Num. 9. Ultimo quaeritur, an in casu istius legis possit redire ad actionem primam et an possit redire etiam ad primam instantiam prosequendo illam in eo in quo erat tempore factae transactionis. Et dic breviter quod sic si illa instantia non erat perempta lapsu temporis vel expresse renunciet l. si instituta in princ. de inoff. test. nec etiam per extinctionem actionis, quia ipsa non erat extincta. Sed si quoquo modo exstincta esset, quod quando sit, dixi in l. si diversa supra eod., tunc haberet inchoare novam instantiam ut illa in l. diversa in fine.

Jason de Mayno († 1519) z. l. sive apud acta (l. 28 Cod. h. t.) Fol. 88[b] sub Ziff. 11. „Nota, quod, si lite inchoata fiat transactio, talis transactio non tollit instantiam, de quo dubitavit Bartolus in l. si diversa i. f.

Caccialupus († nach 1472) quaest. XVII, Ziff. 3. „Est alius effectus transactionis, quia instantia litis exstinguitur ita, ut ad eandem veterem instantiam rediri non possit, scilicet, quando partes illi instantiae renuntiaverunt expresse, vel transactio facta fuit cum acceptilatione, vel tertio reus paruit transactioni solvendo, vel implendo ut l. si diversa C. h. t., et dictis casibus instantia non potest resurgere etiam consensu partium. Quando vero transactio fuisset facta simplici pacto et reus non implevisset et instantiae non esset expresse renuntiatum, tunc actori liceret ad veterem instantiam redire de communi consensu, quasi potius fuerit suspensa et elisa quam exstincta.

ista colliguntur ex dictis Cyni et Bartoli in l. si major (l. 22 Cod. h. t.) et l. ex falsis (l. 42 Cod. h. t.), eod. et ex dictis Paul. de Castro in d. l. si diversa (l. 14 Cod. h. t.), l. sive apud acta (l. 28 Cod. h. t.).

Alciat († 1550) Comm. z. l. diversa sub Ziff. 19 i. f. f. „Sed num quid in lege nostra opus sit nova instantia an duret prior? Et videtur exstincta actione etiam instantiam perimi. et ideo sive renuntiatione, sive acceptilatione perempta sit actio, quamvis deinde partium consensu a transactione discedatur, nova instantia instituenda erit l. cum mota supra, l. postquam liti C. de pact.

Quodsi actio nondum exstincta sit, replicationeque adjuvari possit, secus est. Transactio enim simplex instantiam non perimit (l. sive apud acta (l. 28 Cod. h. t.) l. eleganter § si quis post), immo ad ipsius causae processum simpliciter pertinere existimatur.

Huiusque conclusionis ratio est, quia instantia nihil aliud est, quam actionis exercitatio, a litis contestatione in diffinitivam sententiam certo tempore coarctata. Ubi igitur agi nec de jure nec de facto in casibus a jure permissis potest, ibi nulla est instantia, at ubi agitur, ibi et instantia est. Quod ergo hic dicitur, causam de integro agi, intelligitur, de integro, perinde ac si nulla intercessisset transactio.

Nam et qui certam prosequitur litem agere etiam proprie dicitur. Fuere tamen aliqui, qui nunquam perimi transactione instantiam existimarent, ut Martinus Syllimanus, Angelus, Rimaldusque. Quoniam lex ait facta post litis contestationem transactione, si deinde sequatur sententia, posse condemnatum id, quod ex causa transactionis dedit, repetere. Unde apparet, quamvis solutio transactioni accessisset, quo casu exstingui actio videtur, tamen adhuc durare instantiam, alioquin nec sententia vitali instantiae spiritu defecta valuisset. Ego non censeo, eius solutione, quod ex causa transactionis promissum est, actionem exstingui. unde consequens est, ut durare instantiam arbitrer, si pars non objiciat. Necessaria enim est transactionis exceptio, ut agens summoveatur. Nam et parte non excipiente valet judicium de facto, quod alibi attigimus."

An diesen Äußerungen läßt sich verfolgen, wie die Doktrin zunächst in eingehender Quellenanalyse die Fälle zu ermitteln strebte, in denen der Vergleich kraft positiver Bestimmung das Verfahren direkt beendete, später aber versuchte, zu prinzipieller Formulierung aufzusteigen. Das Resultat, zu dem sie hierbei gelangte, war, daß der Vergleich dann und nur dann unmittelbar prozeßbeendigend wirke, wenn er entweder einen ausdrücklichen Verzicht auf die Instanz enthalte, oder die actio durch ihn perimirt werde. Dieser prinzipiellen Übereinstimmung gegenüber ist es von minderer Bedeutung, daß über die Frage, wann die actio als zerstört anzusehen sei, Zweifel herrschten. Darüber war man einig, daß bei dem Gebrauche der solennen Form der Aquiliana stipulatio und acceptilatio die alte actio erlösche, bei dem formlos geschlossenen Vergleiche nicht. Ob auch die Leistung des vergleichsweise Geschuldeten zerstörlich wirke, ist controvers (vergl. die Darstellung des Caccialupus und des Alciat).

Die italienische Doktrin erstreckt also in bestimmten Fällen die Wirkung des Vergleichs vom materiellen Streitverhältnisse auf das Prozessverhältnis. Sie ist sich nicht bewußt, mit ihrer Lehre von den Quellen abzuweichen, sondern glaubt, sich mit ihnen in Übereinstimmung zu befinden. Forscht man nach den Ursachen, die dieses Mißverständnis herbeiführten, so erscheint als nächste die irrige, bei Alciat a. a. O. in voller Schärfe hervortretende Vorstellung, daß der Prozeß nichts sei, als die Entfaltung des privaten Rechts in der actio, eine Anschauung, die folgerecht dazu führen mußte, das Schicksal des Prozeßverhältnisses mit dem der actio zu identifizieren. Die tiefer wirkende Ursache aber liegt in der Veränderung, welche die aus dem deutschen Recht stammende Eigenschaft der Vergleichseinrede, prozeßhindernd zu wirken, in den Vergleichsbegriff hineingetragen hatte. Die hierdurch gebotene Auffassung enthält, wie oben bereits bemerkt, ein publicistisches Element, da sie den Einfluß des Vergleichs nicht auf die Sache beschränkt, sondern ihn auf die Form der Rechtsverwirklichung, den Prozeß, ausdehnt: wenn aber solche Wirkung bereits dem vor dem Prozesse geschlossenen Vergleiche dem später anhängig werdenden Verfahren gegenüber zukommt, scheint es nur konsequent, sie dem im Prozesse selbst geschlossenen nicht zu versagen, demnach den Vergleich den anhängigen Prozeß beendigen zu lassen.[1] Die italienische Doktrin mußte also von vorn herein geneigt sein, den Einfluß des Vergleichs auf das Prozeßverhältnis zu bejahen. Nur durch die Unmöglichkeit, ihn

[1] Man vergleiche die folgende Stelle aus der Lectura des Petrus de Ancharano († ca. 1415) über den liber Sextus Decretalium ad c. exceptionis de lit. cont. Num. 2, § 2. „Sed hic quaeritur, si transactio facta est post litem motam et sic postea opponatur, an impediat reliquum processum, vel cognoscatur tamquam de peremptoria. dicit Ja. bu. (Jacobus Buttrigarius † 1348, v. Savigny VI, S. 68 f.) quod ea, quae ante litem contestatam competentia tunc opposita impediunt processum, si postea incipiant competere, habent impedire reliquum processum, ut l. eleganter § si quis post de cond. ind. ubi circa hoc."

den widersprechenden Quellenzeugnissen gegenüber für alle Fälle aufrecht zu erhalten, wurde sie dazu gedrängt, die unmittelbar prozeßbeendigende Wirkung des Vergleichs für gewisse Fälle, nämlich dann, wenn er durch bloßes pactum geschlossen worden, zu verneinen. Diese dogmatische Unmöglichkeit bestand jedoch nur so lange, als an der Lehre der Quellen, daß das bloße pactum keine actio erzeuge, festgehalten wurde.[1] So lange diese Lehre sich behauptete, mußte man bei einem durch bloßes pactum geschlossenen Vergleiche dem Kläger gestatten, bei Säumnis des Beklagten mit der Erfüllung, den alten Prozeß wieder aufzunehmen und fortzusetzen, weil der Kläger sonst überhaupt nicht zu dem Seinigen hätte gelangen können.[2] Diese Notwendigkeit fiel fort, sobald man auch den durch bloßes pactum geschlossenen Vergleich als vollgiltigen Vertrag anerkannte.[3] Denn nunmehr hatte der Kläger in der auch dem formlosen Vergleich entspringenden Klage (welche unter Umständen selbst mit parater Exekution ausgestattet werden mochte) ein Mittel, die Erfüllung des Vergleichs zu erzwingen, ohne daß es des Zurückgreifens auf den alten Prozeß bedurfte. Bestand also, — was oben darzuthun versucht worden ist — wirklich eine innere Strömung, welche zur Auffassung des Vergleichs als formal prozeßbeendigenden Akt drängte, so konnte sie sich nunmehr uneingeschränkt geltend machen und auch den mittelst bloßen pactums geschlossenen Vergleich zum Urteilssurrogate stempeln.

Dafür, daß dies geschehen, liefern Litteratur und Praxis des 16. und 17. Jahrhunderts vollgiltige Belege. Nachdem schon Antonius a Butrio in seinem Dekretalenkommentar die transactio hinsichtlich der prozeßbeendigenden Wirkung ganz unterschiedslos mit dem Urteil auf eine Stufe gestellt hatte,

Comm. z. c. super eo de transact. Num. 16, Fol. 100: Quaero de effectu transactionis. Solutio: Dic, quod habet magnam vim: nam operatur idem, quod sententia diffinitiva, nam sicut per diffinitivam lis finitur de re jud. cap. primo ita et per transactionem, bemerkt zu Beginn des 17. Jahrhunders Mantica (Vaticanae lucubrationes de tacitis et ambiguis conventionibus Colon. 1615 Tom. II, Lib. 26, Tit. 7 De virtute transactionis pag. 706 f.: Et quidem est tritum et pervulgatum, finem litibus per transactionem imponi: nam nullus esset litium finis, si a transactionibus bona fide interpositis facile possit recedi.... Unde non minor dicitur esse virtus transactionis, quam rei iud. l. non minorem

[1] Dies thun sämtliche vorstehende aufgeführte Schriftsteller. Vergl. auch Seuffert, Zur Geschichte der obligatorischen Verträge, § 7, S. 52 f.

[2] Vergl. l. 17, 28 Cod. de transact. 2, 4.

[3] Vergl. Seuffert, Zur Geschichte der obligat. Verträge, § 8, S. 67 f.

C. de transact. Res autem iudicata sine dubio controversiae finem imponit l. 1 f. de re jud.

Auch die Praxis spricht sich immer entschiedener in diesem Sinne aus. So berichtet Cancer (Variae resolutiones utriusque iuris Lugduni 1670 Pars I cap. 18 de except. Num. 43, pag. 320) daß er in einer Sache, in der nach geschlossenem Vergleiche der Kläger den Prozeß fortgesetzt hatte, während der Beklagte seine Befugnis dazu mit Rücksicht auf die durch den Vergleich herbeigeführte Proceßbeendigung bestritt, das von ihm geforderte Gutachten zu Gunsten des Beklagten abgegeben habe.

„Consulii pro Joanne, eo, quod cum dicta transactio lite pendente fuisset facta et liti et causae renunciatum, omnes actus iudiciales et probationes immo et actio et instantiae fuerant extinctae“..

Ebenso schreibt Urceolus, welcher in seinem tractatus de transactionibus die italienische Praxis, wie sie in den Konsiliensammlungen der Juristen und den Entscheidungen der Gerichte zu Tage tritt, etwa von der zweiten Hälfte des 16. bis zur zweiten Hälfte des 17. Jahrhunderts auf das eingehendste berücksichtigt, dem Vergleiche ganz ohne Rücksicht auf seine Form unmittelbar prozeßbeendigende Wirkung zu: tractatus de transact. P. IV quaest. 68 Num. 21 f. p. 260.

Dicitur (scil. exceptio transactionis) propterea exceptio litis finitae, quae litis ingressum impedit cap. 1 de lite cont. Surdus consilium 451 Num. 16. Gratian discept. 867 Num. 47 .. rel. quia litem et instantiam exstinguit (Citate) et consequenter opus est novo iudicio, cum priora omnia acta per transactionem fuerint deleta et irrita et cassa.[1]

Mit der fortschreitenden Entwickelung der formell prozeßbeendigenden Wirkung des Vergleichs stellt sich auch die Frage ein, ob aus ihm Vollstreckung zu gewähren sei. Nach römischem Rechte ist diese Frage, wie oben S. 26 ausgeführt, zu verneinen.

Das langobardische Recht dagegen bot verschiedene Anknüpfungspunkte für die Vollstreckbarkeit. Nicht nur war der in der Form der

---

[1] Zu dieser Zeit war in die italienische Praxis bereits nicht nur der Satz, daß aus einem pactum nudum geklagt werden könne, eingedrungen (cf. Seuffert, S. 85, den dort gegebenen Belegen kann hinzugefügt werden: Surdus consil. 20 Nr. 12, 54 Nr. 12, 113 Nr. 1, 114 Nr. 6, 438 Nr. 3, 4), sondern auch hinsichtlich der liberatorischen Wirkung sollte das bloße pactum den vom Civilrecht geforderten solennen Akten gleichstehen (vergl. die von Seuffert a. a. O., S. 63 angeführte Belegstelle aus Baldus Lectura über die 3 ersten Bücher der Dekretalen, in der sich für das kanonische Recht der Satz ausgesprochen findet: et per pactum nudum tolletur stipulatio ipso jure). Einige von Urceolus a. a. O. weiter unten aufgestellte Distinktionen berühren das Prinzip nicht. Cf. übrigens S. 43.

wadiatio eingegangene Sühnevertrag (s. S. 28) mit dem Pfändungsrechte ausgerüstet,[1] sondern es hatten sich auch für ein nach germanischer Auffassung mit dem Vergleiche auf das engste verwandtes Rechtsinstitut, die Abgabe der Sache an Schiedsleute, im italienischen Statutarrecht ein Verfahren ausgebildet, welches dem Schiedsspruche exekutorische Wirkung beilegte.[2] Es lag nun um so näher, daß die dem Schiedsspruche beigelegte Vollstreckbarkeit eine Rückwirkung auf den Vergleich ausübte, als die italienische Doktrin vielfach den Schiedsvertrag als eine „transactio per laudum declaranda“[3] auffaßte und thatsächlich die Grenze zwischen Schiedsverfahren und Vergleich durch verschiedene Mittelstufen fast bis zur Unkenntlichkeit verwischt war.[4] Endlich mußte die Betonung der Eigenschaft des Vergleichs als prozessualischer causa finita für den gerichtlich geschlossenen Vergleich die Analogie der confessio in jure nahe bringen.[5]

Auch hier sind die Kanonisten die Führer auf dem Wege zur modernen Entwicklung, indem sie fast durchgängig die Vollstreckbarkeit des Vergleichs behaupten. Im einzelnen freilich zeigt sich manche Verschiedenheit; die parata executio wird bald für

---

[1] Brunner II, S. 446: „Die Pfändung war ursprünglich allgemein zulässig um gewettete Schuld, mochte nun die Wette gerichtlich oder außergerichtlich eingegangen sein.“

[2] Die Belege siehe im Anhange Nr. 7 f.

[3] Die Belege siehe im Anhange Nr. 11 u. 12.

[4] Eine solche Mittelstufe bildet das Verfahren mit dem amicabilis compositor, vergl. oben S. 31. Er ist kein Schiedsrichter, denn sein Spruch bindet die Parteien nicht; er ist vielmehr ihr Vertrauensmann, an den sie sich wenden, um den Vorschlag zu erlangen, auf Grund dessen sie sich friedlich auseinandersetzen können, und der erst durch ihre Billigung wirksam wird. Ein urkundliches Beispiel des Herganges bietet das im Glossarium des Du Cange sub voce compositor mitgeteilte Pactum.

[5] Noch ist zu erwähnen, daß vereinzelt, nämlich in den kaufmännischen Statuten von Placentia, dem Vergleiche selbst Exekutivkraft zugestanden wird. Statuta antiqua mercatorum Placentiae cap. 32 (S. 12): „Et omnes sentencias et transactiones factas et terminos debitorum confessorum a preteritis consulibus datos attendi faciam si lamentacio mihi fuerit facta. Additum est huic capitulo; Nec ab ea appellari permittam sed eas exectioni mandabo cum pena statuti“.

Offenbar gelangte hier die transactio um deswillen rascher zur Vollstreckbarkeit, weil im Handelsrecht nicht, wie im Civilrecht, das Dogma von der Klaglosigkeit des nudum pactum entgegenstand. Denn nach altem Handelsgewohnheitsrecht wirkte auch der formlose Vertrag vollverpflichtend. Die Belege s. bei Seuffert, Geschichte der oblig. Verträge S. 60. 65.

Den sonstigen Statutarrechten ist die parata executio des Vergleichs unbekannt.

den Vergleich überhaupt,[1] bald nur für den gerichtlichen Vergleich in Anspruch genommen,[2] und entsprechend gehen in der theoretischen Begründung die Ansichten auseinander.[3] Immerhin kommt der kanonistischen Doktrin das Verdienst zu, hinsichtlich der Vollstreckbarkeit des Vergleichs die Konsequenzen gezogen zu haben, welche sich aus der oben erörterten Umbildung des Vergleichsbegriffs in prozessualer Richtung ergaben. Schwerer verstehen sich hierzu die Bearbeiter der römischen Rechtsquellen.

Noch Curtius senior († 1495) verwirft die von ihm referierte Meinung der Kanonisten mit der Begründung, daß die imploratio officii iudicis zur Erzwingung der Erfüllung des Vergleichs nicht in Betracht komme, der dem Vergleiche entspringenden a. praescriptis verbis aber so wenig parate Exekution zukommen könne, wie der actio iudicati, zu deren Anstellung auch eine förmliche Klagschrift erforderlich sei und fährt fort:

„Sic erit in proposito, ubi intentatur actio praescriptis verbis ex transactione, certe opus erit libello, litis contestatione et processu. Et ideo ista doctrina Innocentii et Canonistarum non est mihi expedita“.

Die gleiche ablehnende Stellung nimmt der Vollstreckbarkeit des Vergleichs im allgemeinen gegenüber Alciat ein. Nachdem er berichtet hat, daß über die parate Exekution des Vergleichs Streit herrsche (censuere aliqui, transactioni ipsi in promptu executionem competere, si quis officium iudicis ex ea impetrare voluerit), führt er im Comm. z. l. Fratris (l. 10 Cod. h. t.) aus:

„Sed ego tantum contractui huic tribui vix crediderim, nec a regula iuris temere recedendum, contractibus executiva auxilia denegantis. alioqui quorsum opus fuisset, tot rescriptis dubitari, an prima actione an praescriptis verbis, an de dolo, an ex stipulatu agi transactionis causa possit, si officio iudicis confestim executio concederetur?“

Aber schon kommt bei ihm die bevorzugte Stellung des gerichtlichen Vergleichs zur Geltung. Zu l. 20 Cod. h. t. bemerkt er sub Ziff. 4:

„sententia executionem intra quadrimestre tempus nanciscitur,

---

[1] Innocenz IV. († 1254), Andreae († 1348), Johannes de Imola († 1436) in seinen Schriften zum kanonischen Rechte, Antonius a Butrio, Gonzalez Tellez, s. Belegstellen Nr. 13—15.

[2] Baldus in seinen kanonistischen Schriften, Guilelmus Redoanus, s. Belegstellen Nr. 16, 17.

[3] Vielfach muß die l. 20 Cod. de transact. 2, 4 herhalten. Von dieser äußerlichen Art der Beweisführung hebt sich die Begründung der Exequirbarkeit des gerichtlichen Vergleichs auf das officium iudicis (Baldus a. a. O.) vorteilhaft ab.

transactio non nanciscitur, nisi in iudicio facta sit, quo casu propter confessionem iudicis arbitrio tempus solutioni praefigitur."

Weiter als Alciat geht Urceolus in dem erwähnten Traktate, indem er dem prozeßbeendigenden Vergleiche schlechthin Vollstreckungswirkung beimißt und besonders der Ansicht entgegentritt, als käme nur dem mit der actio praescriptis verbis ausgestatteten Vergleiche parate Exekution zu (s. die unten mitgeteilte Belegstelle Num. 13).

Der Vergleich ist ihm vielmehr auch als einfache conventio (s. Num. 1) nach den Grundsätzen des Exekutivprozesses exequibel: die Vergleichsurkunde vertritt also die Klageschrift; litis contestatio ist nicht erforderlich.

Tractatus quaest. 69: Transactio an habeat executionem paratam.

1] Omnes doctores praeter Io. Petrum Fontanellam dec. 449 n. 15 et seq. et certum Burdam ad For. Arragon. tit. de arbitr. for. 1 num. 2 ab eodem relatum communiter tenent, transactionem perfectam et suis partibus completam paratam habere executionem et propterea transigentes pro contentis in ea ad observantiam executive compelli posse. Cravetta cons. 685 num. 27 vers. simili modo, Menochius cons. IV num. 58. Gratian disceptationes forenses iudiciorum cap. 665 num. 2 ubi et idem de conventione facta per modum transactionis.

Folgen Citate namentlich aus der Praxis der Rota.

2] Et ratio est, quia transactio habet vim rei iud. non minorem 20 C. de transact. l. un. C. de error. calculi Roland cons. n. 17 lit. 4.

Folgen weitere Citate.

3] res autem iudicata paratam habet executionem ergo et trans actio. prout ita argumentantur Cravetta, Suarez, Gratian et Rota
13] superius . . . ex natura itaque transactionis, ac iudicii executivi virtute existimo, libellum non esse necessarium, non autem ex eo, quod actio praescriptis verbis, quae pro transactione competit, habeat ex se paratam executionem, ut male putavit Bartolus in l. 2 ff. de jurejur.

So hat sich am Ende der italienischen Entwickelung der Vergleich auch hinsichtlich der Vollstreckbarkeit zum Urteilssurrogate gestaltet.

## § 4. Die Entwicklung in Deutschland bis zur Justizgesetzgebung.

Mit der Reception des römisch-kanonischen Prozesses gingen in das deutsche Gerichtsverfahren auch die den Vergleich betreffenden prozessualen Sätze über. So die prozeßhindernde Natur der Vergleichseinrede und die Verpflichtung des Richters zur Anstellung des Sühneversuchs. Der Gegensatz zwischen dem durch Aquiliana stipulatio und acceptilatio geschlossenen Vergleiche einerseits und dem durch nudum pactum geschlossenen andererseits wird noch weiter zurückgedrängt und verschwindet endlich ganz. Dafür tritt der Gegensatz zwischen den in anhängigen Sachen gerichtlich geschlossenen Vergleichen und den außergerichtlichen mehr in den Vordergrund.

Das meiste hierzu trägt offenbar der Umstand bei, daß schon die frühesten territorialen Gerichtsordnungen im Anschluß an die oben S. 31 f. mitgetheilte Bestimmung des kanonischen Rechts dem Richter die Vornahme eines Sühneversuchs zwischen den Parteien wenn nicht geradezu zur Pflicht machen, so doch nahe legen. Letzteres thut z. B. bereits die G.O. des Landgrafen Ludwig von Hessen v. J. 1455 (Senckenberg I, S. 139f.), welche, nachdem sie den Richtern die Pflicht zu schleuniger Rechtsprechung eingeschärft hat, fortfährt: „es en were den, daß sie die parthie mit ihrem guten willen und wissen unbedrangt in gutlichkeit vereynen und gescheiden konden.“

Bestimmter trägt das Württemberger Landrecht von 1555 (I. Tl., Titel von Teilung des Gerichts) den Amtleuten auf, mit den Parteien, welche um Tagsatzung nachsuchen, zunächst einen Vergleichsversuch vorzunehmen. Die Partei, welche mutwillig auf Fortsetzung des Prozesses besteht, verfällt in eine Geldbuße von 5 bis zu 20 Schilling Heller.

Nach der Frankfurter erneuerten Reformation von 1578[1] (Titel 32 § 8) war dem Bürgermeister das Amt des Schiedsmannes zugewiesen und ausgesprochen, daß dieser die zu stande gekommenen Vergleiche in das Bürgermeisterbuch eintragen möchte.

Beispiele aus späterer Zeit bieten: Jüngster R.-A. (1654) §§ 110. 133. Für Brandenburg: Neue Märkische Cammer-G.O. vom 24. Oct. 1647, Kap. II, wo angeordnet wird, „daß die gütliche Handlung zwischen den Parteien zuerst vorgenommen und in Entstehung derselben die Sache zu Rechte veranlaßt werden solle“, eine

[1] Vergl. Stintzing, Geschichte der deutsch. Rechtswissenschaft I, S. 597.

Bestimmung, die die Verordnung, die Verbesserung des Justizwesens betr., vom 21. Juni 1713, von neuem einschärft.

Für Sachsen: Erledigung der Landesgebrechen, vom 22. 6. 1661, Titel von Justitiensachen §§ 2 und 14. Neue Handelsgerichtsordnung vom 21. December 1682 § 1. Erläuterte Prozeß- und Gerichtsordnung vom 10. Januar 1724 ad Tit. 1 § 1.[1]

Hat mit der Uebernahme dieser Bestimmung aus dem kanonischen Recht zugleich die Meinung der Kanonisten, daß aus dem Vergleiche Vollstreckung zu gewähren sei, Berücksichtigung gefunden? Für die ältere Zeit sind mir keine Spuren einer dem Vergleiche innewohnenden parata executio aufgestoßen. Die spätere Entwickelung scheint mir dafür zu sprechen, daß die Vollstreckbarkeit des Vergleichs ursprünglich keine selbständige war, sondern sich nach den für den Exekutivprozeß geltenden Regeln richtete.[2]

Mindestens für das Gebiet des sächsischen Rechts ist dies in hohem Grade wahrscheinlich. Dort fand für Ansprüche aus öffentlichen Urkunden eine privilegierte Form des Exekutivprozesses statt.[3] Aus diesen öffentlichen Urkunden nun werden in Sachsen durch die Erledigung der Landesgebrechen, Titel von Justitiensachen (1661) § 2 die gerichtlichen Vergleiche (recessus iudiciales) herausgehoben und weiter privilegiert. Es wird nämlich rücksichtlich

---

[1] Daß die Quelle aller dieser Bestimmungen die oben S. 31 aufgeführte Bestimmung des kanonischen Rechts ist, wird im höchsten Maße wahrscheinlich, wenn man ihren Weg durch die Litteratur verfolgt. Durantis hatte sie im Speculum (Lib. II, Partic. I de praeparatoriis judiciorum aufgenommen: „Quodsi agatur actione injuriarum semper debet judex laborare ut partes componant si potest, etiamsi criminaliter agatur . . . Caeterum si agatur civiliter, judex eodem modo studeat componere X. de transact. c. fin . . . rel.) und ihr damit die weiteste Verbreitung gesichert. Joh. Urbach schrieb dies im Processus judiciarius unter der gleichen Rubrik wörtlich nach (in der Mutherschen Ausgabe S. 17). Auch die spätere Doktrin führt die Bestimmung auf den kanonischen Prozeß zurück, vergl. z. B. Lauterbach, Collegium theoretico-practicum zu lib. 2, Tit. 15 Dig. Num. 1.

[2] Das früheste Zeugnis selbständiger Vollstreckbarkeit bietet die „reformierte Ordnung eines ehrsamen Rats der Stadt Straßburg von Gerichten und gerichtlichen Prozessen (Straßburg 1620), in der S. 57 sub IV bestimmt wird, daß Vergleiche, die von den Parteien in streitigen Sachen vor dem Ammeister geschlossen würden, zur Vollstreckung gebracht werden sollten: „Wo alsdann ein Ammeister solche Sachen entweder durch einen Ausspruch entscheiden, oder angedeutet Maßen mit der Parteyen Belieben vergleichen wird, so soll es dann nicht weniger, als zunächst gemelt dabey gänzlich verbleiben und mit gebührender Execution darauf verfahren werden."

[3] Die öffentlichen Urkunden unterlagen nach sächsischem Rechte nicht, wie die privaten, der jurata diffessio s. Berger, dec. 357 v. J. 1657: Documenta a judice vel confecta vel confirmata, vel denique actis inserta, pro publicis habentur, atque adeo recognoscenda quidem sunt, non autem juratae diffessioni subjiciuntur.

ihrer das für die sonstigen öffentlichen Urkunden geltende Erfordernis, daß sie vor der Exekution rekognosziert werden müssen, beseitigt so daß sie nunmehr dem Urteil gleichstehen.[1] In hohem Maße bemerkenswert ist, daß die Praxis diese Bestimmung nur auf solche gerichtlichen Vergleiche anwendet „qui super actione mota aut objecto actionis motae confecti sunt."[2]

In Preußen bestimmt das Edikt vom 13. März 1717 (Corpus const. Marchicarum II. Tl. I. Abt.) „von Abkürzung der Prozesse insonderheit durch Versuch der Güte" in Kap. VIII, daß die Parteien aus dem nach Kap. IV zu protokollierenden gerichtlichen Vergleiche, falls wegen des Verglichenen einiger Verzug oder Hinderung gemacht werde, „prompte Hülfe und Exekution ohne Verstattung Prozesses" erlangen sollten.

Freilich läßt sich hieraus nicht erkennen, ob der Modus der Vollstreckung vollständig der des Urteils entsprechen sollte. Aber schon im corpus juris Friedericianum (I. Buch I. Tl. I. Tit. § 11) ist dies völlig außer Zweifel gestellt. Es heißt dort:

„Aus einem gerichtlich geschlossenen Vergleiche kann, wenn einer oder der andere Teil mit dessen Erfüllung säumig ist, ebenso wie aus einem rechtskräftigen Urteil Exekution gesucht und verfügt werden.

Diese Bestimmung ist inhaltlich in die A.G.O. (I. Tl. Tit. 24 § 4) übergegangen. „Aus einem Kontumazialbescheide, wider welchen der Gegner kein Rechtsmittel innerhalb der gesetzlichen Frist eingewendet hat; desgleichen aus einem gerichtlichem Anerkenntnisse der Schuld und darauf erfolgter Resolution: wie auch aus einem gerichtlich geschlossenen Vergleiche kann ebenso wie aus einem Judikat innerhalb Jahresfrist Exekution gesucht werden."

In Bayern war die urteilsmäßige Vollstreckbarkeit des nach erhobener Klage gerichtlich geschlossenen Vergleichs im Codex juris Bavarici iudiciarii (v. J. 1753) zwar nicht ausdrücklich bestimmt, die Praxis gab sie ihm aber, gestützt auf die, wie oben dargelegt, irrthümliche Interpretation der l. 20 Cod. de transact. 2, 4, daß der Vergleich auch hinsichtlich der Exekution dem Urteile gleichstehe (Seuffert, Comm. z. bayr. G.O. IV. Bd. II. Aufl. zu Kap. XVII § 1 S. 244 Not. 28).

---

[1] Vergl. Wernher, vol. VI, obs. 426: ex recessu judiciali apud Saxones ad executionem sine praevia recognitione agi potest" und Berger, decisiones v. 1720 (Erkenntnis des Appellationsgerichts Dresden v. 1677, Dec. 356): Recessus judicialis itemque sententia et decreta, quae in rem judicatam transierunt paratam habent executionem, neque opus est, ut illa recognoscantur.

[2] Ausspruch des in der vorstehenden Note angeführten Erkenntnisses des Appellationsgerichts Dresden.

Bis zur Reorganisation des Verfahrens durch die deutsche Justizgesetzgebung hat ein größerer Teil der deutschen Staaten den nach erhobener Klage gerichtlich geschlossenen Vergleich dem Urteil als Vollstreckungstitel gleichgestellt.[1]

Eigentümlicherweise ist in der älteren deutschen Jurisprudenz gerade die Frage, welche für das rechtliche Wesen des im Prozesse geschlossenen Vergleichs bestimmend ist, ob er die formale Beendigung des iudicium herbeiführe, soviel ich sehe, nirgends erörtert worden. Dennoch fehlt es nicht an Anhaltspunkten für die Entscheidung der Frage. Eine jahrhundertelange Entwickelung kommt nicht plötzlich, ohne daß sich ein Anlaß dazu nachweisen ließe, zum Stillstand. Eine solche Entwickelung ist die des gerichtlich über anhängige Sachen geschlossenen Vergleichs zum Urteilssurrogate.

Im vorhergehenden Paragraphen ist darzulegen versucht worden, daß das Haupthindernis, welches der völligen Durchführung dieser Anschauung entgegenstand, das Festhalten der italienischen Civilisten an der Theorie von der Klaglosigkeit der pacta nuda und somit des durch bloßen pactums eingegangenen Vergleichs war. Diese Theorie hat in Deutschland von Anfang an wenig Beifall gefunden, ist jedenfalls im Laufe des 17. Jahrhunderts der Lehre von der Klagbarkeit aller obligatorischen Verträge gewichen.[2]

Damit war das Hindernis, welches der Auffassung des im Prozesse geschlossenen Vergleichs als Urteilssurrogat im Wege stand, gefallen. Und sofort wird auch in der Partikulargesetzgebung hinsichtlich der Vollstreckbarkeit des Vergleichs die Konsequenz der veränderten rechtlichen Lage gezogen, indem der Vergleich als Vollstreckungstitel dem Urteile völlig gleichgestellt wird; aber nur der Vergleich wird in dieser Weise privilegirt, welcher das Urteil im eigentlichen Sinne vertritt, indem er über einen bereits anhängigen Prozeß vor Gericht geschlossen wird. Wenn nun auch die judikatmäßige Vollstreckbarkeit an sich keinen völlig zweifellosen Rückschluß auf die prozeßbeendigende Kraft eines Aktes gestattet, da sie auch außerhalb des Prozesses vorkommt (im heutigen Rechte z. B. im Falle des § 702 Ziff. 5 C.P.O.), so wird doch hier ihre Beweiskraft durch den ganzen Gang der historischen Entwickelung erheblich verstärkt. Denn nach dieser erscheint die vom Vergleich schließlich erlangte volle urteilsmäßige Vollstreckungskraft als Ausdruck der Anerkennung seiner Gleichstellung mit dem Urteile, seiner

[1] Sächs. Executivges. v. 28./2. 1838, § 85. P.O. von Hannover v. 8./11. 1850, § 528. P.O. von Oldenburg v. 2—19./11. 1857 art. 134, 332, § 2. P.O. von Bayern (29./4. 1869) art. 223. Weitere Nachweisungen s. in den Motiven zur C.P.O. f. d. deutsche Reich S. 418.

[2] Vergl. Seuffert, Geschichte der obligatorischen Verträge S. 130 f.

Urteilssurrogatsnatur, die in ihrer Reinheit nicht ohne formale Wirkung auf das Verfahren denkbar ist. Die völlige Gleichstellung des nach erhobener Klage zur Beilegung des Rechtsstreits gerichtlich geschlossenen Vergleichs mit dem Urteile ist aber namentlich gelegentlich der Vorarbeiten zu den Gesetzgebungen, welche einen solchen Vergleich mit judikatmäßiger Vollstreckbarkeit ausrüsten wollten, wiederholt scharf hervorgehoben worden. So spricht sich bei der Begutachtung des sächsischen Exekutivgesetzes vom 28. Febr. 1838 der Deputationsbericht der Zweiten Kammer (Landtagsakten v. J. 1837. III. Sammlung S. 570) dahin aus: „Einem solchen Vergleiche glaubte man vollständig die Wirkung einer rechtskräftigen Entscheidung zuteilen zu müssen, da er ja ohnehin überall an deren Stelle tritt", woran sich der Vorschlag knüpft, den (nachmals zum § 85 des Ges. gewordenen) § 80 a:

> „Die obigen, das Exekutionsverfahren betreffenden Vorschriften sind auch dann anzuwenden, wenn ein anhängiger Civilprozeß durch einen vor dem Prozeßrichter abgeschlossenen Vergleich beendet worden und aus diesem gerichtlichen Vergleiche vor eben diesem Richter die Hülfsvollstreckuug gesucht wird",

einzuschieben.

Und, was als Zeugnis für das gemeine deutsche Rechtsbewußtsein sehr erheblich ins Gewicht fällt, die Kommission zur Ausarbeitung des Entwurfs einer Civilprozeßordnung für die Staaten des Norddeutschen Bundes wirft die Frage, ob der nach Erhebung der Klage gerichtlich geschlossene Vergleich als Vollstreckungstitel nach Art der exekutorischen Urkunde oder des Urteils zu gestalten sei, ausdrücklich auf und entscheidet sie im vollen Bewußtein der Rückwirkung dieser Bestimmung auf die feststellende Kraft des Vergleichs im letzteren Sinne. S. Kommissionsprotokolle (bei Decker, Berlin 1870), 299. Sitzung, S. 2011 flg.

Endlich betont die partikularrechtliche sächsische Praxis wiederholt die prinzipielle Gleichstellung vom gerichtlichen Vergleich und Urteil hinsichtlich der Wirkung auf den Prozeß.[1]

In der neuesten gemeinrechtlichen Prozeßlitteratur sprechen wenigstens diejenigen Schriftsteller, welche die moderne partikuläre

---

[1] Vergl. z. B. Entsch. d. K. S. O.App.G. v. 15./11. 1852 (im Wochenbl. f. merkw. Rechtsfälle, Jahrg. 1853, S. 198: „Rechtskräftige Entscheidung und Vergleich stehen gleich. Ein Prozeß, welcher durch Vergleich beendet wird, ist dem gleich zu achten, welcher durch rechtskräftige richterliche Entscheidung sein Ende erreicht."

Entwicklung berücksichtigen, dem gerichtlichen Vergleiche die Wirkung formeller Prozeßbeendigung zu.[1]

Nach allem scheint mir nicht bezweifelt werden zu können, daß der über rechtshängige Sachen gerichtlich geschlossene Vergleich schon vor der Reichsjustizgesetzgebung in einem großen Teile Deutschlands zu einem echten, mit formell prozeßbeendigender Wirkung und Vollstreckungskraft ausgerüsteten Urteilssurrogate geworden war.

Neben diesem eigentlichen Prozeßvergleiche steht in der Civilprozeßordnung der vor der Klagerhebung in einem hierzu anberaumten Sühnetermin vor dem Amtsgerichte geschlossene Vergleich (Sühnevergleich) §§ 471. 702 Ziff. 2. Dieser hat an der geschilderten Entwickelung des nach der Klaganstellung gerichtlich geschlossenen Vergleichs zum Urteilssurrogate nicht partizipirt. Er ist erst durch die Partikulargesetzgebung dieses Jahrhunderts (am frühesten durch die preußische Verordnung vom 9. Februar 1817, die Justizverwaltung im Großherzogthum Posen betr.) aus dem französischen Recht entlehnt und mit nicht unerheblichen Modifikationen auf deutschen Boden verpflanzt worden. Der Code de procédure civile Art. 48 f. legte dem Kläger (gewisse Ausnahmsfälle abgerechnet) ganz allgemein die Verpflichtung auf, den Beklagten vor Anstellung der Klage zu einem Vergleichsversuch vor den Friedensrichter zu laden.[2] Die deutschen Proceßordnungen, welche den Gedanken eines vorprozessualen Sühneversuchs vor einer richterlichen Behörde aufgriffen, gestalteten diese Bestimmung ausnahmslos fakultativ.[3] Der Entwurf der Civilprozeßordnung enthielt eine den Sühnevergleich betreffende Bestimmung nicht. Erst die Justizkommission fügte die auf ihn bezüglichen Vorschriften ein, wobei leider übersehen worden ist, sein Verhältnis zum Prozeßvergleiche und zu den exekutorischen Urkunden näher zu präzisieren.

[1] Osterloh, Lehrb. des gem. deutsch. ordentl. Civilproz., Leipzig, 1856, § 16, Renaud, Lehrb. des gem. deutsch. Civilprozeßrechts, 2. Aufl. 1873, S. 194.

[2] Über die Genesis dieser Bestimmung vergl. besonders den Kommentar z. Code de procédure von Thomine-Desmazures, Bruxelles 1838, pag. 79 f.

[3] Vergl. P.O. v. Hannover § 175, Abs. 1: „In Sachen, welche überhaupt durch Vergleich erledigt werden können, ist der Kläger vor erhobener Klage berechtigt, aber nicht verpflichtet, unter kurzer Angabe des Gegenstandes des Rechtsstreits die Vorladung des Beklagten (bezw. mehrerer Beklagten) vor das Amtsgericht, vor welchem derselbe seinen allgemeinen Gerichtsstand hat, behufs Sühneversuchs zu beantragen.“ Dazu die Regierungsmotive, mitgeteilt im Kommentar von Schlüter. Bayer. C.P.O. v. 29./4. 1869, art. 222. P.O. v. Oldenburg v. 2.—19./11. 1857, art. 206.

# II. Dogmatischer Teil.

## § 5. **Das Recht der C.P.O. Übersicht. Verschiedene Vergleichsformen. Abgrenzung des Prozefsvergleichs vom Sühnevergleich und dem aufsergerichtlichen Vergleiche.**

Die Darstellung der geschichtlichen Entwicklung hat gezeigt, daß die Auffassung des Vergleichs zwischen dem formellen Feststellungsvertrage des materiellen Rechts und dem Urteilssurrogate schwankt. Es ist dargelegt worden, daß das römische Recht, unempfindlich für den Unterschied des Abschlusses des Vergleichs außerhalb oder innerhalb des Verfahrens, der ersten Alternative gefolgt ist; daß das deutsche Recht ebenso einseitig der zweiten Vorstellung anhängt; endlich, daß der moderne Prozeß, indem er den nach Erhebung der Klage in bestimmten prozessualen Formen geschlossenen vor anderen Vergleichen auszeichnet, der Anschauung zum Siege verholfen hat, daß der angesichts präsenten, auf urteilsmäßige Feststellung des Rechtsverhältnisses zielenden Angriffs geschlossene Vergleich mit höherer Kraft auszustatten ist, als der außerhalb des Prozesses eingegangene.

Auf gleichem Standpunkte steht die Civilprozeßordnung.

Der Vergleich ist prozessualer Vertrag und zugleich Urteilssurrogat nur, soweit er kraft des Willens der Parteien den Prozeß beendet. Diese Wirkung aber kommt nicht dem Vergleiche schlechthin, sondern nur dem während des Rechtsstreits in bestimmten prozessualen Formen erklärten zu.

Das Verfahren beendet der während des Prozesses zur Beilegung des Rechtsstreits gerichtlich geschlossene Vergleich (Prozeßvergleich) — nicht der außergerichtliche, auch nicht der Sühnevergleich.

Was den außergerichtlichen Vergleich angeht, so darf für seine unmittelbar prozeßbeendigende Kraft nicht der Vergleichsbegriff ins Feld geführt werden. Freilich ist der Vergleich seinem Wesen nach Streitbeendigungsmittel. Aber diese Bestimmung verleiht ihm nicht ohne weiteres die Macht, auf das Gebiet des formellen Rechts hinüber zu wirken. Denn über die Thatsachen, welche den Prozeß ins Leben rufen und beenden, entscheidet ausschließlich das Prozeßrecht.[1] Dieses aber kennt eine direkte Wirkung der außergericht-

[1] Vergl. Bülow, C.A. 64, S. 68 f.

lichen Parteikonvention auf das Verfahren nicht. Die im Vergleiche liegende, die Beendigung des Prozesses betreffende Dispositiverklärung existiert für den Prozeß nur, wenn sie in der Form der gerichtlichen Erklärung auftritt.

Aber auch der Sühnevergleich ist trotz seines gerichtlichen Abschlusses kein prozessualer Akt; denn im Sühnetermine ist „Prozeß" im technischen Sinne noch nicht anhängig. Prozeßkonstituierend wirkt nicht, wie Muskat in Boedikers Magazin VIII (1888) S. 207. 220 irrtümlich annimmt, die Ladung zum Sühnetermine, sondern erst die nach erfolglosem Sühneversuche (möglicherweise mündlich im Termine) erhobene Klage (§ 471 Abs. 2). Der vor der Klagerhebung im Sühnetermin geschlossene Vergleich findet daher kein prozessuales Rechtsverhältnis, auf das er sich beziehen könnte, vor. Prozessualer Inhalt darf ihm auch nicht mit der Begründung vindiziert werden, daß er einen Verzicht auf den dem öffentlichen Recht angehörigen Anspruch gegen das Gericht auf Entscheidung enthalte.[1] Die Frage, ob der Prozeßvergleich einen solchen enthält, einstweilen dahingestellt: Für die rechtliche Konstruktion des Sühnevergleichs ist er auf keinen Fall verwertbar. Denn wäre er in diesem enthalten, so würde er sich als ein vor dem Prozesse abgegebener darstellen, während die Civilprozeßordnung einen wirksamen vorprozessualen Verzicht auf den Rechtsschutz im Wege ordentlichen Prozesses nur in Verbindung mit der Eingehung eines Schiedsvertrags (§§ 451 flg. C.P.O.) kennt und diese Bestimmung als singuläre analoger Ausdehnung widerstrebt.

Die Feststellung, welche der Sühnevergleich bietet, ist daher im Gegensatze zu der im Prozeßvergleiche enthaltenen lediglich auf eine Veränderung der materiellrechtlichen Position der Parteien gegründet. Die spezifischen Wirkungen der prozessualischen causa finita gehen ihm ab. Die Form, in die er sich kleidet, besitzt er nur im Interesse seiner Vollstreckbarkeit. Als Vollstreckungstitel bildet er, im Gegensatze zu dem Urteilssurrogate „Prozessvergleich", eine Gruppe mit den exekutorischen Urkunden des § 702 Ziff. 5. So wenig wie diese macht ihn die bloße Eigenschaft, Unterlage für den Vollstreckungsanspruch zu sein, zu einem prozessualen Akte. Denn eine Handlung, welche erst auf Begründung eines Rechtsschutzanspruchs[2] abzielt, liegt jenseits allen Prozesses, da dieser die Behauptung vorhandenen Rechtschutzanspruchs voraussetzt.

Die folgende Darstellung wird sich daher ausschließlich mit dem Prozeßvergleiche beschäftigen, den Sühnevergleich und den

---

[1] Darauf kommt die Darstellung Plancks, Lehrbuch, I. S. 305 f. hinaus.
[2] Des Vollstreckungsanspruchs; vergl. Wach, Feststellungsanspruch S. 33.

4*

während des Prozesses außergerichtlich geschlossenen Vergleich aber nicht berücksichtigen.[1]

Bezüglich der stofflichen Anordnung ist zu bemerken:

Die Civilprozeßordnung knüpft den Abschluß des Prozeßvergleichs an bestimmte prozessuale Voraussetzungen. Diese sind zunächst festzustellen. Da jedoch deren genauere Bestimmung vielfach nur durch Schlußfolgerungen aus dem Wesen des Prozeßvergleichs gewonnen werden kann, so wird ein kurzer Abriß der Grundauffassung desselben vorausgeschickt. Der zweite, umfangreichere Teil der Darstellung hat sich mit der Erörterung der rechtlichen Natur des Prozessvergleichs, besonders der näheren Bestimmung seines prozessualen Gehalts zu beschäftigen. Die Ueberleitung dazu bildet die Darstellung der in der Litteratur vertretenen Auffassungen und deren Kritik.

---

# Der Prozeßvergleich.

## § 6. Begriffskonstituierende Elemente und prozessuale Voraussetzungen seines Abschlusses.

Prozeßvergleich ist der nach Erhebung der Klage zur Beilegung des Rechtsstreits vor einem als Organ der streitigen Gerichtsbarkeit[2] fungirenden Gerichte geschlossene Vergleich (§ 702 Ziff. 1 C.P.O.). Wesentlich ist ihm die Willensrichtung der Parteien auf formellen Abschluß des Prozesses, mithin die rechtsgeschäftliche Verfügung über ein dem öffentlichen Rechte angehöriges Rechtsverhältnis.

Dafür, daß dem in prozessualisch relevanter Form erklärten Vergleiche wirklich diese Einwirkung auf das Prozeßverhältnis zu-

---

[1] Nur soviel sei im Hinblick auf eine vielventilierte Frage bemerkt: Sühnevergleich und während des Prozesses außergerichtlich geschlossener Vergleich gehören zwar nach der positiven Vorschrift des § 77 C.P.O. zum Inhalte der Prozeßvollmacht; sie sind aber, wie aus Vorstehendem zu entnehmen (vergl. auch unten S. 75) nicht Prozeßhandlungen. Rücksichtlich ihrer ist daher die an § 52 C.P.O. anknüpfende Kontroverse, ob die im allgemeinen erteilte Ermächtigung oder die im allgemeinen vorhandene Befugnis zur Prozeßführung die etwa nach Landesrecht für den Vergleich erforderliche besondere Ermächtigung ersetzt, in verneinendem Sinne zu entscheiden. Derselben Meinung: Brettner b. Gruchot, Bd. 25, S. 324 f. und neuerdings Troeltsch, S. 74 Rücksichtlich des Prozeßvergleichs dagegen vergl. u. § 8.

[2] Siehe unten § 10.

kommt, liefert zunächst die in der vorliegenden Arbeit verfolgte historische Entwicklung ein gewichtiges Argument.

Aber auch die auf den Prozeßvergleich bezüglichen Bestimmungen der Civilprozeßordnung sind nicht ohne Beweiskraft für seine formale Beendigungskraft. Dies ist freilich bestritten.[1] Auch ist soviel zuzugeben, daß aus den §§ 77. 79 und 146 C.P.O, welche von der „Beseitigung des Rechtsstreits durch Anerkenntnis, Verzicht oder Vergleich" sprechen, sich nichts für die formale Beendigungskraft des Prozeßvergleichs deduciren läßt, weil der Ausdruck durch seine Mitbeziehung auf die nichtprozeßbeendigenden, sondern nur eine neue prozessuale Situation innerhalb des Prozesses schaffenden Rechtsakte Anerkenntnis und Verzicht sich als untechnisch zu erkennen giebt.[2]

§ 93 C.P.O. ist zu wenig sedes materiae, als daß man auf die dort gebrauchte Wendung „die Kosten des durch Vergleich erledigten Rechtsstreites" die prozeßbeendende Wirkung des Prozeßvergleichs gründen möchte, bezieht sich überdies auch auf den außergerichtlichen und den Sühnevergleich, denen diese Wirkung nicht zukommt.

Anders aber verhält es sich mit §§ 268 und 702 Ziff. 1, zu welchen auch die §§ 21. 23 G.K.G. und § 13 G.O. f. R.A. zu ziehen sind. Sie betrachten ausschließlich den nach Erhebung der Klage geschlossenen Vergleich und stellen für ihn (im Gegensatze zum Sühnevergleich §§ 471. 702 C.P.O. Ziff. 2, vgl. auch § 41 G.K.G. und § 37 Abs. 3 G.O. f. R.A.) das Postulat seines Abschlusses „zur Beilegung des Rechtsstreits" auf. Aus der ausschließlichen Verwendung dieses Zusatzes zur Charakterisierung der Willensrichtung der Parteien, welche in dem nach Erhebung der Klage geschlossenen Vergleiche enthalten ist, — bei der Erörterung des Sühnevergleichs läßt das Gesetz den Zusatz weg, weil ein Rechtsstreit im technischen Sinne noch nicht anhängig ist — folgt die technische Verwendung des Ausdruckes „Rechtsstreit" an dieser Stelle. „Rechtsstreit" ist daher gleich „Prozeß". Die scharfe rechtliche Prägung dieses Begriffs aber verlangt gleiche rechtliche Bestimmtheit der zu ihm in Beziehung gesetzten Handlung; daher darf die Farblosigkeit des Ausdrucks „Beilegung" nicht davon abhalten, ihn in dem durch seine Beziehung auf ein Rechtsverhältnis geforderten spezifisch rechtlichen Sinne der Beendigung dieses Rechtsverhältnisses zu nehmen. Ueberdies sprechen hierfür erhebliche innere Gründe. Beendete der Prozeßvergleich den Rechtsstreit nicht, so müßte nicht nur die Partei, welche nach Abschluß eines Prozeßvergleichs vom Gegner

---

[1] Siehe **Eccius**, Preuß. Priv.-R. I, S. 697, **Jünger**, S. 22 f., vergl. unten S. 59.

[2] **Jünger**, S. 23.

von neuem belangt würde, die Einrede der Rechtshängigkeit vorschützen dürfen, sondern man käme auch zu einer, wie mir scheint, sehr bedenklichen Konsequenz für das Rechtsverhältnis des Dritten, der nach Abschluß eines Prozeßvergleichs den Streitgegenstand erworben hätte (§ 236 C.P.O.). Erneuerte hier die Gegenpartei nach beliebig langer Zeit durch Anfechtung des Vergleichs den Prozeß gegen den Veräußerer und siegte ob, so müßte das ergehende Urteil nach Maßgabe der §§ 236—238 C.P.O. gegen den ahnungslosen Successor, da er die Sache während der Rechtshängigkeit erworben hätte, wirksam und vollstreckbar sein — eine Konsequenz, die sicher der Intention des Gesetzgebers widerspricht.

Als konstruktive Grundlage für die Entwicklung des Prozeßvergleichsbegriffs wird daher von seiner formell prozeßbeendigenden Wirkung ausgegangen und nunmehr, um einen allseitigen Ueberblick über seine Beziehung zum Verfahren zu ermöglichen, der Frage nach den prozessualen Voraussetzungen seines Abschlusses nahe getreten.

§ 702 Ziff. 1 verlangt Abschluß nach Erhebung der Klage.

Der Gebrauch dieses technischen Ausdrucks (vergl. §§ 235 Abs. 1, 239 C.P.O.) beweist, daß nur die wirksam angestellte Klage gemeint ist; das mindeste, was hiernach verlangt werden muß, ist, daß kein solcher Mangel der Klagschrift oder Verstoß gegen die Zustellungsvorschriften vorliegt, der nicht nach § 267 C.P.O. geheilt werden kann;[1] d. h. der Zustellungsakt muß, wenn er in Folge eines ihm anhaftenden formellen Mangels nicht, wie normaler Weise (§ 235 C.P.O.), direkt die Rechtshängigkeit hervorgebracht hat, doch wenigstens eine genügende Unterlage dafür bieten, daß die Parteien durch Verzicht auf die Rüge des Mangels oder durch Unterlassung der Rüge, die Rechtshängigkeit (und zwar vom Augenblicke der Zustellung ab) ins Leben rufen. Waltet somit zwischen der Rechtshängigkeit der Streitsache und ihrer Fähigkeit zum Prozeßvergleichschlusse entschieden eine Beziehung ob, so fragt es sich, ob nicht die Worte „nach Erhebung der Klage“ völlig gleichbedeutend sein sollen mit Prozeßvergleichsschluß „über rechtshängige Sachen“;[2] es käme dann auf die Individualität des einleitenden Aktes nicht weiter an. In solchem Umfange scheint mir eine ausdehnende Interpretation des § 702 nicht gerechtfertigt werden zu können. Die Bedeutung der Klagerhebung für das Verfahren erschöpft sich nicht in der Herbeiführung der Rechtshängigkeit. Diese bezeichnet

[1] Im Einzelnen vergl. hierüber Gaupp, Bem. I, Abs. 2 II u. III zu § 230. Seuffert, Bem. 1, 3 zu § 230.

[2] Dies nehmen an: Struckmann-Koch, Bem. 1 zu § 702. Seuffert, v. Sarwey und v. Wilmowski u. Levy, Bem. 2 ebenda.

den Inbegriff der Wirkungen, welche in Beziehung auf das materielle Rechtsverhältnis der Parteien durch dessen Eintritt in den Prozeß teils auf materiellem (§ 239 C.P.O.), teils auf prozessualem Gebiet (§§ 235 f. C.P.O.) ausgelöst werden.

Unabhängig hiervon kommt aber der Klage eine speziell auf die Entwicklung des Verfahrens bezügliche Funktion zu, welche nicht mit jedem Rechtshängigkeit bewirkenden Akte verbunden ist: Sie berechtigt den Angreifer zur sofortigen Vornahme prozessualer, auf Herbeiführung sachlicher Endentscheidung abzielender Handlungen und verpflichtet das Gericht schlechthin, bei Vorhandensein der Prozeßvoraussetzungen solche Entscheidung zu gewähren. Nur diejenigen einleitenden Akte, welche neben der Bewirkung der Rechtshängigkeit auch diese Funktion mit der Klagerhebung teilen, können demnach als genügende Unterlage für den Prozeßvergleichsschluß gelten. Also die (vom Beklagten bewilligte oder hingenommene) Klagänderung (§§ 235, Ziff. 3, 240, 241, 254 C.P.O.), Klagerweiterung (§ 240, Nr. 2, 254 C.P.O.) Widerklage (§§ 33, 253, 254 C.P.O.) und Incidentfeststellungsklage und -Widerklage (§§ 251, Abs. 1, 253, 254 C.P.O.)[1]

Nicht aber die Zustellung des Zahlungsbefehls. Denn wenn auch hiermit die Wirkungen der Rechtshängigkeit eintreten (§ 633 C.P.O.) so unterscheidet sich doch die dadurch geschaffene prozessuale Situation insofern wesentlich von der durch die Klagerhebung begründeten, als der Gläubiger auf Grund der Ausbringung des Zahlungsbefehls vorerst keine weiteren, auf Herbeiführung der sachlichen Endentscheidung abzielenden Prozesshandlungen vornehmen kann. Er muss zunächst rein passiv abwarten, ob der Schuldner Widerspruch erhebt. Erst nach erhobenem Widerspruche ist — aber nur für das amtsgerichtliche Verfahren — die prozessuale Lage der durch die Klagerhebung geschaffenen gleich. (§ 636 C.P.O.). Bei landgerichtlicher Zuständigkeit dagegen tritt keine Kräftigung des durch Zustellung des Zahlungsbefehls ins Leben getretenen prozessualen Rechtsverhältnisses, sondern im Gegenteil insofern eine Schwächung desselben ein, als nach § 637 C.P.O. die Wirkungen der Rechtshängigkeit erlöschen sollen, wenn der Gläubiger nicht binnen sechsmonatiger vom Tage der Benachrichtigung von der Widerspruchs-

---

[1] Die hier gemachte Unterscheidung hat nichts mit derjenigen gemein, welche Schwalbach im C.A. Bd. 64, S. 265 f. aufstellt, in dem er die in § 239 C.P.O. erwähnten materiellrechtlichen Wirkungen in solche trennt, welche auf der Rechtshängigkeit beruhen und folgeweise deren Schicksal teilen und andere, welche als unmittelbare Wirkungen der Klagerhebung, die als bloße Thatsache nicht wieder ungeschehen zu machen ist, den Zustand der Rechtshängigkeit überdauern.

erhebung laufender Frist Klage beim zuständigen Landgerichte erhebt. Hier kann also Prozeßvergleich auch nach erhobenem Widerspruche noch nicht geschlossen werden.

Wie aber, wenn der Zahlungsbefehl nach Ablauf der darin bestimmten Frist für vollstreckbar erklärt worden ist und der Schuldner gegen den ihm zugestellten Vollstreckungsbefehl Einspruch erhoben hat? (§ 639 C.P.O.). Das Verfahren befindet sich dann in derselben Lage wie nach einem gegen ein Versäumnisurteil gerichteten Einspruche (§ 640 C.P.O.) und da der Erlaß des Versäumnisurteils die Klagerhebung voraussetzt, so kann kein Zweifel an der Zulässigkeit des Prozeßvergleichsschlusses in diesem Stadium des Verfahrens obwalten.[1]

Damit im Rechtsstreite der Parteien Sachurteil erfolgen kann, müssen die Prozeßvoraussetzungen vorhanden, das Prozeßrechtsverhältnis begründet sein. Sind dieselben Anforderungen an den Prozeßvergleich zu stellen? Die Frage wird selten berührt und wo es geschieht, mit dem Hinweise erledigt, daß § 702, Ziff. 1 nur von Klagerhebung rede, als Absicht des Gesetzgebers daher anzusehen sei, daß diese genügen solle; eine Ausnahme wird nur für die Prozeßvoraussetzungen gemacht, deren Mangel schon die Ungiltigkeit des materiellen Vergleichs herbeiführen würde (z. B. mangelnde Prozeßfähigkeit der Partei).[2] Dieser Standpunkt scheint mir unrichtig.

§ 702, Ziff. 1 löst den vollstreckbaren Vergleich nicht aus dem durch sein Eingreifen in den Prozeß bedingten Zusammenhange mit dem Verfahren. Er legt lediglich dem im 1. Buche der C.P.O. in den §§ 268, 146 geregelten prozeßbeendigenden Vergleiche Vollstreckungswirkung bei. Aus der systematischen Stellung dieser §§ folgt die Anwendbarkeit der allgemeinen, für die Gewährung prozessualen Schutzes durch das Gericht maßgebenden Normen auf seine Assistenz bei Herstellung des Urteilssurrogats „Prozeßvergleich". Daher darf das Gericht beim Mangel einer absoluten Prozeßvoraussetzung seine Mitwirkung zum Prozeßvergleichsschlusse in der Hauptsache so wenig herleihen, wie es irgend eine auf sachliche Entscheidung abzweckende Maßregel treffen dürfte (abgesehen natürlich von der ihm durch die Bestimmungen der §§ 54, 85 C.P.O. gegebenen Füglichkeit). Was wäre es anders, als der verpönte Conventionalprozeß, wenn die Parteien unter dem Scheine, prozessieren

[1] Vergl. Troeltsch, S. 16 f., 55, welcher noch einen anderen Grund hierfür angiebt. In den Kommentaren wird vielfach die Zustellung des Zahlungsbefehls für genügend angesehen (Struckmann-Koch, Bem. 1 zu § 702. Gaupp, Bd. II, S. 399. v. Wilmowski u. Levy, Bem. 2 zu § 702.)

[2] Troeltsch a. a. O., S. 14, 15. Kohler, Proz. a. R.V., S. 60.

zu wollen, wo sachlich Prozedur unmöglich ist, zu einem Vollstreckungstitel mit rechtskraftsähnlichen Wirkungen gelangen könnten? Hiervon ist nur für die Fälle der unprorogirbaren Unzuständigkeit des Gerichts durch § 702 Ziff. 1 insofern eine positive Ausnahme getroffen, als er bestimmt, daß der Vergleich vor (irgend) einem deutschen Gerichte (arg. 268 und 146 der streitigen Gerichtsbarkeit)[1] abgeschlossen werden könne, daher auch das absolut unzuständige Gericht, wenn es durch Klage mit der Sache befaßt ist, einen Prozeßvergleich in der Hauptsache aufnehmen kann. Mangelt es dagegen an einer anderen absoluten Prozeßvoraussetzung (z. B. Prozeßfähigkeit, Legitimation des Vertreters, Zulässigkeit des Rechtswegs § 247, Ziff. 6 und 2), so hat das Gericht seine Mitwirkung abzulehnen, auch wenn, wie möglicherweise letzternfalls, die materielle Giltigkeit des Vergleichs durch den Mangel nicht tangiert würde.[2] Doch bleibt in diesem Falle ein Vergleich, welcher nur das Verfahren beilegt und die Kostenfrage regelt, als Surrogat der absolutio ab instantia möglich.

Dagegen wird der oben berührte Gegensatz innerhalb der absoluten Prozeßvoraussetzungen von Bedeutung für die Beurteilung der Giltigkeit des etwa trotz des Mangels einer absoluten Prozeßvoraussetzung geschlossenen Vergleichs. Hindert ihr Mangel schon den Konsens der Parteien, so kann der Prozeßvergleich weder als materieller noch als prozessualer Vertrag Wirksamkeit entfalten,[3] abgesehen natürlich von der Möglichkeit späterer Konvalescenz durch Beseitigung des Mangels; letztere Möglichkeit spricht insbesondere für die Zulässigkeit des Prozeßvergleichsschlusses mit der vom Gerichte einstweilen zugelassenen prozeßunfähigen Partei oder dem vollmachtlosen Vertreter (§§ 54, 85 C.P.O.). Vor Beseitigung des Mangels

---

[1] So auch Gaupp, § 705, Bem. 1, Note 4 (Bd. II, S. 406) gegenüber der R.G.E. Bd. XXI, S. 347 f. und der gemeinen Meinung.

[2] Beispielshalber denke man an den Fall, daß ein Armenverband gegen den anderen vor dem ordentlichen Gerichte Klage auf Erstattung verlegter Unterstützungskosten erhöbe und die Parteien gerichtlichen Vergleich schließen wollten. Trotzdem der Vergleich als materieller Vertrag wirksam wäre, hätte das Gericht die Protokollierung abzulehnen. Für die Unzulässigkeit des Rechtswegs in diesem Falle: R.G.E. Bd. 27, S. 176 f.

[3] Die entgegengesetzte Ansicht von Muskat in Bödikers Magazin, Bd. VIII, S. 207, welcher die prozessualen Wirkungen des Prozeßvergleichs an den formell richtig beurkundeten Vergleich knüpfen und die Geltendmachung eines Nichtigkeitsgrundes (z. B. Mangel der Vollmacht) unter analoger Anwendung von § 542, Ziff. 4 C.P.O. auf den Weg der Klage verweisen will, verkennt, daß der Vergleich trotz seiner prozeßrechtlichen Wirkungen Vertrag bleibt.

ist auch hier weder der Prozeß beendet, noch der Vergleich Vollstreckungstitel.[1]

Wird dagegen durch den Mangel der Prozeßvoraussetzung der Konsens der Parteien nicht ausgeschlossen (cf. das in Note 2 auf Seite 57 gegebene Beispiel), so könnten die materiellrechtlichen Vergleichswirkungen keinesfalls als alteriert gelten, fraglich bliebe nur, ob der Vergleich als Prozeßvergleich angesehen werden könnte. Hierüber enthält die C.P.O. keine direkte Norm; es ist daher zu erwägen, wieweit die ihr eigne Tendenz, welche Bülow im Archiv für die civil. Praxis Bd. 64, S. 32 f. treffend dahin charakterisiert, daß mit dem Fortschritte des Verfahrens immer mehr absolutes Prozeßrecht in dispositives umgesetzt werde, auf den Abschluß des Verfahrens durch Prozeßvergleich zu erstrecken ist. Für die dem Prozeßvergleiche parallel gehende Prozeßbeendigungsform, das rechtskräftige Urteil, ist die entsprechende Frage durch § 542 C.P.O. beantwortet. Es ergiebt sich daraus, daß keineswegs alle absoluten Prozeßvoraussetzungen, sondern nur der beschränkte Kreis, welchen § 542 C.P.O. aufstellt, auf ihre Verletzung dadurch reagieren, daß sie die Rescission des Urteils auf dem Wege der Nichtigkeitsklage ermöglichen. Nun sind zwar, wie bereits bemerkt, die Grundsätze über die Nichtigkeitsklage selbst auf den Prozeßvergleich nicht übertragbar. Die Nichtigkeit desselben wäre nicht durch besondere Klage, sondern durch Fortsetzung des Verfahrens, welches durch ihn nicht beendet worden wäre, geltend zu machen (vergl. unten § 11). Unbedenklich erscheint es aber, aus § 542 soviel zu folgern, daß der Prozeßvergleich so wenig wie das rechtskräftige Urteil durch den Mangel jeder absoluten Prozeßvoraussetzung vitiös wird. Was insbesondere die in § 542 C.P.O. nicht erwähnte Unzulässigkeit des Rechtswegs betrifft, so dürfte sie, wenn das beigelegte Rechtsverhältnis nur der autonomen Verfügung der Parteien überhaupt unterliegt, der prozessualen Wirksamkeit des abgeschlossenen Prozeßvergleichs kaum im Wege stehen.

---

[1] Cf. Ulbricht im C.A. Bd. 78, S. 106 f. Der Fall liegt in prozessualer Hinsicht ähnlich, wie wenn Prozeßvergleich unter einer Suspensivbedingung geschlossen ist, vergl. hierüber Note 2, S. 88.

## § 7. Begriff des Prozeſsvergleichs.

### a. Ansichten der Litteratur und deren Kritik.

Wie eingangs erwähnt, lassen sich die in der Theorie herrschenden Ansichten in zwei Gruppen scheiden.

Nach der einen ist der Prozeßvergleich identisch mit dem gleichnamigen Vertrage des materiellen Rechts. Die andere findet in ihm ein prozessuales Element, dessen Verhältnis zu dem materiellen Vergleichsvertrage sie verschieden bestimmt.

In ihrer konsequentesten Durchführung führt die erstere Ansicht zur Leugnung jeden Einflusses des Vergleichs auf das Prozeßrechtsverhältnis. Nicht der gerichtlichen Vergleichserklärung an sich, sondern nur der möglicherweise in ihm enthaltenen Klagrücknahme wird die Prozeßbeendigung zugeschrieben.[1]

Eine andere, gleichfalls der privatrechtlichen Anschauung huldigende Gruppe von Schriftstellern geht insofern weiter, als sie die Wirkung des gerichtlichen Vergleichs nicht auf das materielle Rechtsverhältnis beschränken, sondern, seine Gültigkeit vorausgesetzt, ihm die Kraft, den Prozeß zur Lösung zu bringen, beilegen. So Kohler (Proc. a. R.V. S. 61, C.A. 72 S. 18 flg. und bei Busch XII S. 117) und Trutter (Prozess. Rechtsgeschäfte S. 433 flg.). Beide Schriftsteller halten die rein privatrechtliche Vertragsnatur des Prozeßvergleichs trotzdem nicht für alterirt.[2] Kohler, wie es scheint, deshalb nicht, weil er die Prozeßbeendigung nur als sekundäre Vergleichsfolge denkt,[3] Trutter von der unzutreffenden Annahme aus, daß diese prozessuale Wirkung nicht als Folge des im Vergleiche enthaltenen Parteiwillens, sondern unabhängig davon, ja gegen denselben (Prozess. Rechtsgeschäfte S. 433 a. E.) unmittelbar kraft gesetzlicher Vorschrift eintrete.

Die entgegengesetzte Annahme legt größeres Gewicht auf das publizistische Element, welches sich in der prozeßbeendigenden

---

[1] So Eccius, Preuß. Priv.-R., 6. Aufl. I., S. 697. Derselbe bei Gruchot XXVIII, S. 273. Küntzel, daselbst S. 276. Jünger, S. 19.

[2] Obwohl Kohler auf den Vergleich die Bezeichnung „Prozeßrechtsgeschäft" anwendet, lassen seine Ausführungen im Proz. a. R.V., S. 60 f., C.A. 72, S. 18 f. an seiner rein civilistischen Auffassung keinen Zweifel. Bezeichnend ist vor allem die absolute Gleichstellung des Prozeßvergleichs mit der exekutorischen Urkunde (C.A. 72, S. 18 f., C.A. 80, S. 142, 286).

[3] Vergl. namentlich Proz. a. R.V., S. 61: „die Hauptbeziehung (der in den Prozeß fallenden Rechtsgeschäfte, Anerkennung, Vergleich, Verzicht zum Prozeß ist keine direkte, sondern eine indirekte: indem sie den Anspruch aufheben oder rechtsgeschäftlich festsetzen, machen sie das Urteil gegenstandslos oder in seinem den Anspruch entscheidenden Teile überflüssig."

Wirkung des Prozeßvergleichs kundgiebt und vindizirt ihn daher zum Teil für das formelle Recht.

So Wach, der in seinen freilich mehr gelegentlichen Aeußerungen im civil. Archiv. Bd. 64 S. 245. 254, im Handbuch I S. 51. 553 Not. 5. 577 und bei Gruchot Bd. 30 S. 779 f. 790 zuerst betont hat, daß das Wesen des Prozeßvergleichs durch seine Charakterisierung als civilistischer Vertrag nicht erschöpft werde, daß er vielmehr zugleich prozessualer Vertrag sei, weil er kraft des Willens der Parteien die formelle Beendigung des Verfahrens herbeiführe.

Dagegen zerlegt Planck, Lehrbuch Bd. I S. 305 flg. den Prozeßvergleich in eine Summe von Rechtsakten, die teils dem formellen, teils dem materiellen Rechte angehören. Die Eigenart der Construktion wurzelt bereits in seiner prozessualen Grundanschauung, deren kurze Skizzirung daher vorauszuschicken ist. Von dem Gedanken ausgehend, daß Rechte und Pflichten im Prozesse nicht zwischen den Parteien direkt, sondern nur zwischen Parteien und Gericht bestehen,[1] lehnt Planck die Konstruktion des Prozesses als eines Rechtsverhältnisses unter den Parteien ab und faßt ihn als Rechtsverhältnis zwischen der die Anwendung der gerichtlichen Zwangsgewalt zu ihren Gunsten fordernden Partei und dem Gerichte (Lehrbuch I, § 42, S. 199 f. 201. 203· 205).

Dieses Rechtsverhältnis wird getragen von dem dem öffentlichen Rechte angehörigen Anspruche der Partei gegen das Gericht auf Entscheidung. Die Partei verlangt damit zunächst, daß die Entscheidung in dem angestellten Prozesse überhaupt gefällt werde (formelle Seite des Anspruchs),[2] sodann, daß sie zu ihren Gunsten gefällt werde; in letzterer Richtung ist der Anspruch objektiv bedingt durch das Vorhandensein der Voraussetzungen, an welche die Rechtsordnung die Gewährung des Rechtsschutzes knüpft (materielle Seite des Anspruchs).[3]

Das Charakteristische der Auffassung Plancks besteht hiernach darin, daß der Prozeß aufgelöst wird in Einzelrechtsverhältnisse zwischen Partei und Gericht, die ihre eigenen Existenzbedingungen haben und nach Seite der Form hin in der formellen Seite des Anspruchs der Partei gegen das Gericht, nämlich in deren Rechte, Entscheidung in dem angestellten Prozesse zu

---

[1] Siehe Lehrbuch I, S. 201, 203, 243, 278.

[2] Vergl. Planck, Lehrb. I, S. 264, 400, 413, 416, 443; II, S. 3, 5 f., 41, 66, 145, 151.

[3] Vergl. Planck, a. a. O. I, S. 249, 259, 264, 400, 413, 443; II, S. 3, 5 f., 47, 61.

fordern, aufgehen.[1] Dies tritt besonders deutlich in zwei Erscheinungen zu Tage:

1) Die mit der Einlassung des Beklagten eintretende Gebundenheit beider Parteien an den Prozeß (§ 243 Abs. 1 C.P.O.) wird nicht durch die Annahme eines Rechtsverhältnisses, in welches die Parteien direkt zu einander treten, erklärt, sondern durch die Vorstellung, daß der beiderseitige Entscheidungsanspruch gegen das Gericht mit der Verhandlung des Beklagten zur Hauptsache gemeinschaftlich werde.[2]

2) Die in der mündlichen Verhandlung seitens der Parteien vorgenommenen prozessualen Dispositionsakte werden aufgefaßt als ausschließlich an das Gericht adressiert, woraus abgeleitet wird, daß sie, um proceßrechtlich wirksam zu sein, der Annahme durch den Gegner nicht bedürfen (Einseitigkeit der gerichtlich vorgenommenen prozessualen Dispositionsakte). Weiter aber wird als ihr Objekt nicht nach Verschiedenheit des Falles (z. B. § 277. 278 C.P.O. einerseits, § 243 andererseits) der materielle Streitgegenstand oder das Prozeßrechtsverhältnis, sondern der oben auseinandergelegte Anspruch der Parteien auf Entscheidung gegen das Gericht aufgefaßt.

So soll insbesondere der gerichtliche Verzicht des Klägers (§ 277 C.P.O.) dogmatisch zu erklären sein als einseitiger, dem Gerichte gegenüber erklärter Verzicht des Klägers auf seinen Anspruch auf günstige Entscheidung und entsprechend soll sich das Anerkenntnis der Beklagten (§ 278 C.P.O.) als einseitiger Verzicht desselben auf die von ihm geforderte günstige Entscheidung darstellen. In beiden Fällen soll übrigens der Verzicht auf günstige Entscheidung den auf Entscheidung überhaupt einschließen, woraus besonders die Folgerung gezogen wird, daß der Verzicht des Klägers die Zurücknahme der Klage in sich enthalte (Planck, a. a. O. I S. 301, vgl. mit S. 249 f.).

Dieser einseitige gerichtliche Verzicht der Parteien auf Entscheidung (günstige Entscheidung und damit verbundener Verzicht auf Entscheidung überhaupt) wird von Planck zu Konstruktion des Prozeßvergleichs verwertet. Dieser besteht nach ihm einmal aus dem dem materiellen Rechte angehörigen Vergleichsvertrage. Dazu tritt aber der einseitige prozessuale Verzicht des Klägers auf den Angriff, beziehentlich des Beklagten auf die Verteidigung, soweit im konkreten Falle der Vergleich einen Verzicht des Klägers auf

---

[1] Dagegen erscheint die sog. materielle Seite des Anspruchs (Anspruch auf günstige Entscheidung) als Prozeßgegenstand.

[2] Vergl. Planck a. a. O., I, S. 250; II, S. 146.

den Streitgegenstand oder ein Anerkenntnis des Beklagten hinsichtlich desselben enthält und in dem Umfange, in dem beides stattfindet.[1]

Wohl das Bedürfnis, den materiellrechtlichen und den prozessualen Bestandteil des Prozeßvergleichs in nähere Verbindung mit einander zu bringen, hat Planck dazu veranlaßt, den materiellen Vergleichsbegriff mit einem von dem herkömmlichen etwas abweichenden Inhalt zu erfüllen. Er faßt ihn nicht als bloß materiellrechtsverändernden Vertrag, sondern als entgeltlichen Verzichtsvertrag auf das Klagrecht und zugleich die Entscheidung über dasselbe; dadurch wird allerdings die Möglichkeit gewonnen, den einseitigen, dem Gerichte gegenüber erklärten Verzicht des Klägers beztl. des Beklagten als im Wesen des Vergleichs selbst gelegen darzustellen, somit den prozessualen Bestandteil des Prozeßvergleichs mit dem materiellrechtlichen organisch zu verknüpfen.

Mit der Konstruktion Plancks stimmt die von Troeltsch[2] gegebene in den Grundzügen überein. Eigentümlich ist ihm die stärkere Betonung des Verzichts auf die formelle Seite des Entscheidungsanspruchs, wodurch die prozeßbeendigende Wirkung des Prozeßvergleichs erklärt werden soll[3] und die Berücksichtigung des Umstandes, ob der Vergleich vor oder nach der Verhandlung des Beklagten zur Hauptsache geschlossen worden, bei der Bestimmung seines prozessualen Gehalts.[4] Dieser Abweichungen wird bei Besprechung der Planckschen Ansicht gedacht werden.

---

[1] Planck a. a. O., I. S. 305 scheint zwei Vergleichsgestaltungen vor Augen gehabt zu haben: nämlich 1. daß der Kläger völlig verzichtet und vom Beklagten anderweit entschädigt wird und 2. daß der Kläger teilweise verzichtet, der Beklagte teilweise anerkennt. Es ist jedoch noch die 3. Möglichkeit vorhanden, daß der Beklagte voll anerkennt und der Kläger den Beklagten auf anderem Wege entschädigt; zu dieser Gestaltung will die Darstellung Plancks a. a. O., S. 305 nicht recht stimmen, da sie den Gedanken nahe legt, daß der einseitige Verzicht des Klägers auf den Angriff dem Prozeßvergleiche unbedingt wesentlich sei, während im letzterwähnten Falle dem Prozeßvergleiche dieses Element offenbar abgeht, da ein Nachgeben des Klägers hinsichtlich des Streitgegenstandes selbst nicht vorliegt. Doch lassen die sonstigen Ausführungen Plancks an dem Prinzipe wohl keinen Zweifel.

[2] Über den Prozeßvergleich im geltenden Rechte, Erlanger Inauguraldissertation (ohne Jahreszahl). Der Grundgedanke dieser verdienstvollen Schrift, die mir, beiläufig bemerkt, erst kurz vor dem Abschlusse der vorliegenden Arbeit bekannt wurde, ist von dem der letzteren zugrunde liegenden fundamental verschieden (s. § 8); doch führt die beiden Arbeiten gemeinsame Betonung des prozessualen Elements im Prozeßvergleiche in einer Reihe von Einzelfragen zu ähnlichen Resultaten.

[3] Es wird Gewicht darauf gelegt, daß der „Verzicht auf Entscheidung schlechthin" den Verzicht auf alle Prozeßrechte, also auch auf das Recht, gemäß § 277 oder 278 Entscheidung zu fordern, in sich schließe, a. a. O., S. 52.

[4] Der vor der Einlassung des Beklagten zur Hauptsache geschlossene Vergleich soll an prozessualen Bestandteilen nur den Verzicht des Klägers (An-

Prüfen wir diese verschiedenen Theorieen auf ihre positivrechtliche Unterlage und innere Haltbarkeit, so ist, was zunächst die Ecciussche anlangt, ihre Grundlage — prozessuale Einflußlosigkeit des Prozeßvergleichs — in ausführlicher Darstellung abgelehnt worden. Die Ansicht Trutters steht und fällt mit seiner Prämisse, daß die Civilprozeßordnung die Folge der Prozeßbeendigung an die Thatsache materiellrechtlichen Vergleichsschlusses, unangesehen des auf Beendigung des Verfahrens abzielenden Parteiwillens, ja gegen ihn, knüpfe. Die Unhaltbarkeit derselben kann erst bei Entwicklung der eigenen Auffassung dargethan werden. Die Ansicht Kohlers enthält eigentlich alle Elemente, welche zur Charakterisierung des Prozeßvergleichs als eines prozessualen Vertrags führen müßten und es ist wohl nur aus der, wie mir scheint, nicht gerechtfertigten Zurückdrängung der Verbindung des Vergleichs mit dem Processe zu erklären, wenn er an der rein civilistischen Natur des Vergleichs festhält.

So bleibt von dem einmal eingenommenen Standpunkte aus nur die Auseinandersetzung mit den prozessualen Theorieen übrig.

Wir wenden uns zunächst zur Betrachtung der Planckschen Auffassung. Schon oben wurde darauf aufmerksam gemacht, daß in die Begriffsbestimmung des materiellrechtlichen Vergleichs ein ihm nach heutiger Auffassung fremdes Element, nämlich der Verzicht auf gerichtliche Entscheidung, aufgenommen ist. Ein solcher Verzicht ist im materiellen Vergleiche nicht gelegen, denn er ist kein Vertrag publizistischen Inhalts, der die von ihm herbeigeführte Rechtsveränderung negativ, durch Ausschluß des gerichtlichen Rechtsschutzes, sicherte. Er ist zivilistischer, positiv rechtsgestaltender Vertrag, der zwar die Tendenz hat, gerichtliche Austragung des Streites überflüssig zu machen, aber die Beschreitung des Klagwegs selbst nicht zu hindern vermag, also, wenn im Prozesse geltend gemacht, Sachentscheidung, keine absolutio ab instantia herbeiführt.

Doch hiervon abgesehen. Ist die Theorie Plancks imstande, die prozeßbeendigende Wirkung des gerichtlichen Vergleichs zu erklären?

Gegründet wird sie von ihm auf den im Prozeßvergleiche enthaltenen einseitigen, gerichtlichen Verzicht der Parteien auf prozessualen Angriff und bezw. auf prozessuale Verteidigung; dieser soll, abweichend von seiner sonstigen Behandlung im Gesetze, hier nicht zu deklaratorischem Urteile (§§ 277. 278 C.P.O.) führen, sondern als Urteilssurrogat gestaltet sein.

---

greifers) auf erhobenen Angriffsanspruch (Recht auf Urteil schlechthin, bezgl. günstiges Urteil) enthalten. Bei dem nach diesem Zeitpunkte geschlossenen soll der entsprechende Verzicht des Beklagten hinzutreten (a. a. O., S. 53, 67 f.).

In dieser verschiedenen Deutung der Verzichtswirkungen liegt eine Inkonsequenz, die auf einen schwachen Punkt in der Theorie Plancks hinzuweisen scheint. Gäbe man zu, daß § 277 C.P.O. die Folge des Verzichts des Klägers auf prozessualen Angriff, § 278 die Folge des Verzichts des Beklagten auf prozessuale Verteidigung regelte, würde weiter die Zulässigkeit der Verwendung des prozessualen Verzichts zur Konstruktion des Prozeßvergleichs eingeräumt: so müßte man verlangen, daß der prozessuale Verzicht auch in seiner Verbindung mit dem Prozeßvergleiche die ihm wesentliche rechtliche Folge hervorriefe, d. h. daß der Beklagte, soweit der Kläger auf seinen Anspruch einseitig verzichtet hätte, deklaratorisches Urteil zu verlangen hätte, desgleichen der Kläger; soweit der Beklagte vergleichsweise anerkannt hätte, Anerkenntnisurteil. Denn es ist durchaus unerfindlich, inwiefern die Verbindung des prozessualen Verzichts mit einem materiellen Vertrage eine Veränderung seines rechtlichen Wesens in der Richtung herbeiführen könnte, daß er die ihm wesentliche prozessuale Folge, Unterlage für ein deklaratorisches Urteil zu sein, gegen die völlig davon verschiedene, das Urteil zu ersetzen, vertauschte. Sonach läßt die Theorie Plancks in ihrer jetzigen Gestalt eine Erklärung gerade der charakteristischen Eigentümlichkeit des Prozeßvergleichs, nämlich seiner prozeßbeendigenden Wirkung, vermissen; sie verwischt den zwischen dem Urteilssurrogate und dem prozessualen Dispositionsakte innerhalb des Verfahrens bestehenden Gegensatz, indem sie beide gleichmäßig durch die Idee eines Verzichts auf prozessualen Angriff und bezw. Verteidigung erklärt. Man kann weiter gehen und behaupten, daß die Theorie Plancks die Verschiedenartigkeit der formellen Wirkung der Dispositionsakte auf den Prozeß überhaupt nicht zu erklären vermag. Denn den Begriff des Prozeßrechtsverhältnisses als eines dem Anspruche der Parteien gegenüber selbständigen hat Planck aufgegeben, indem er ihn zu der formellen Seite des Anspruchsverhältnisses zwischen Partei und Gericht verflüchtigt hat. Folgerecht kennt er neben den Thatsachen, welche für das Anspruchsverhältnis zwischen Gericht und Partei rechtlich relevant sind, keine anderen, welche eine selbständige Bedeutung hinsichtlich des Prozeßrechtsverhältnisses besitzen; gerade in der verschiedenen Wirkung auf das Prozeßrechtsverhältniß aber äußert sich der Gegensatz zwischen dem Urteilssurrogate und anderen in prozessualisch relevanter Weise über den Streitgegenstand selbst verfügenden Akten, wie z. B. Anerkenntnis und Verzicht in der Gestaltung, die ihnen die Civilprozeßordnung gegeben hat.[1]

[1] Vergl. hierzu namentlich Demelius, confessio, S. 229 f., 232, 233.

Auch Troeltschs gleichfalls vom Boden der Verzichtstheorie aus unternommener Erklärungsversuch für die prozeßbeendigende Wirkung des Prozeßvergleichs kann nicht für geglückt erachtet werden. Er stellt, wie oben bemerkt, den Gedanken in den Vordergrund, daß der Verzicht auf Entscheidungsanspruch die Aufgabe aller Prozeßrechte, also auch des Rechts, auf Grund des gegnerischen Verzichts oder Anerkenntnisses Urteil nach § 277 oder 278 C.P.O. zu erlangen, in sich schließe. Es muß zugegeben werden, daß dieser Gedanke eine zureichende Erklärung dann enthielte, wenn sich der Verzicht der Partei auf Anerkenntnis oder Verzichtsurteil auf denjenigen Teil des Streitgegenstandes, hinsichtlich dessen ein gegnerischer Verzicht oder Anerkenntnis vorliegt, beziehen könnte. Diese Möglichkeit ist aber bei der Konstruktion Troeltschs nicht minder ausgeschlossen, wie bei der von Planck. Auch für ihn sind „Recht auf Entscheidung schlechthin" und „Recht auf günstige Entscheidung" nur zwei Seiten ein und desselben an das Gericht sich wendenden publizistischen Anspruchs auf Entscheidung (a. a. O. S. 52), können also nicht willkürlich auseinandergerissen werden. Mithin ist es undenkbar, daß der Verzicht auf die sog. formelle Seite des Entscheidungsanspruchs den Streitgegenstand in weiterem Umfange ergreife, als der Verzicht auf günstige Entscheidung (materielle Seite des Anspruchs).

Hieraus folgt: Soweit der Prozeßvergleich einen Verzicht des Klägers, oder ein Anerkenntnis des Beklagten enthält, verzichten Kläger und Beklagter (im Sinne der hier besprochenen Theorie) allerdings hinsichtlich des aufgegebenen oder anerkannten Teils des Anspruchs auch auf Entscheidung schlechthin. Damit aber die prozeßbeendigende Wirkung des Vergleichs erklärt würde, müßte der letztgenannte Verzicht sich nicht auf den von ihm selbst, sondern auf den vom Gegner aufgegebenen Teil des Anspruchs beziehen und diese Annahme ist solange unmöglich, als der Anspruch auf günstige Entscheidung und der Anspruch auf Entscheidung schlechthin ohne begriffliche Selbständigkeit nur als zwei Seiten ein und desselben Anspruchs aufgefaßt werden.

Hiernach kann die Behauptung gewagt werden, daß nach dem Rechte der Civilprozeßordnung die prozeßbeendigende Wirkung des Prozeßvergleichs (zum mindesten in den Fällen, in denen er nach Begründung der Prozeßobligation geschlossen wird), aus einem einseitigen prozessualen Verzichte der Parteien nicht erklärt werden kann, vielmehr auf eine im Prozeßvergleiche enthaltene Willenseinigung der Parteien zurückgeführt werden muß. In soweit deckt sich der in der vorliegenden Arbeit eingenommene Standpunkt mit demjenigen, welchen Wach in den oben S. 60 genannten Schriften vertritt. Als nächste Aufgabe erscheint es nunmehr, den Inhalt dieser Parteiwillenserklärung näher zu bestimmen. Hieran hat sich die Untersuchung des Verhältnisses des prozessualen zum materiellrechtlichen Bestandteil im Prozeßvergleiche zu schließen.

---

## § 8. Fortsetzung. Entwicklung der eigenen Auffassung. Das prozessuale Element im Prozefsvergleiche. Sein Verhältnis zum materiellen Vergleichsvertrage. Rechtliche Charakterisierung des Prozefsvergleichs.

Die begriffliche Konstruktion des Prozeßvergleichs hat zunächst seiner prozeßbeendigenden Wirkung gerecht zu werden. Im vorigen Paragraphen ist darzulegen versucht worden, daß die Annahme eines einseitigen Verzichts der Parteien auf Entscheidungsanspruch dies nicht vermag. Es bleibt daher nur die, sowohl mit dem Vergleichsbegriffe, als dem sichtbaren prozessualen Effekte in Einklang stehende Annahme übrig, daß das lösende Element im Prozeßvergleiche der in prozessual relevanter Form erklärte, auf direkte Beendigung des Verfahrens gerichtete vertragsmäßige Wille der Parteien ist. Als Objekt der prozessualen Disposition erscheint also nicht der Entscheidungsanspruch, sondern nur das formelle Rechtsverhältnis, in dem dieser sich entfaltet. Doch ist hiermit der prozessuale Gehalt des Vergleichs offenbar nicht erschöpft, weil die Beendigung des Verfahrens in einem doppelten Sinne möglich ist: in einem negativen, wobei die Einflüsse des Prozesses auf die res in iudicium deducta annullirt werden, wie es bei der Beendigung des Verfahrens durch Klagrücknahme und bei der absolutio ab instantia der Fall ist; und in einem positiven, dessen Typus das sachliche, rechtskräftige Endurteil ist. Es ist somit als nächste Frage die aufzuwerfen, welcher dieser beiden Kategorieen die prozeßrechtlichen Folgen des Vergleichs, welche über die rein formale Wirkung der Prozeßbeendigung hinausgehen, entsprechen, bezw. wie weit sie dies thun. Als vorläufiger Richtungspunkt für diese Untersuchung kann der Gedanke dienen, daß es in hohem Grade willkürlich wäre, prozessuale Wirkungen in den Prozeßvergleich von außen hineinzutragen, daß aber die Vorstellung nicht fern liegt, daß solche prozeßrechtliche Wirkungen, welche im Verfahren selbst gelegen sind, durch den Vergleichsschluß conservirt werden könnten. Diese Vorstellung entspräche derjenigen, welche in der sog. negativen Funktion der Rechtskraft zu Tage tritt.

Diese, ihrer ursprünglichen Idee nach Organ der prozessualen Konsumtion[1] hat (soweit sie überhaupt als Requisit des geltenden Rechts anerkannt wird) auch jetzt noch unbestritten die Funktion, „das Dasein, nicht den konkreten Inhalt des Urteils geltend zu machen", d. h. sie setzt der von neuem Prozeß erhebenden Partei die Berufung darauf entgegen, daß über den geltend gemachten Anspruch ein Prozeß, welcher zu sachlicher Entscheidung geführt habe, bereits anhängig gewesen, ein zweiter daher schlechthin unzulässig sei, richtet sich folgeweise auch gegen den siegreichen Kläger, welcher, statt die Vollstreckung zu betreiben, von neuem aus dem ursprünglichen Rechtsverhältnisse klagt.[2]

Aber freilich ist die Existenz dieser Funktion im heutigen Rechte lebhaft bestritten;[3] es ist daher zu prüfen, ob und in welcher Gestalt sie für das heutige Recht noch behauptet werden kann.[4]

Die Schriftsteller, welche die Fortdauer der negativen Funktion der Rechtskraft vertreten, kommen dazu meist durch die Annahme eines nur bedingungsweisen Wegfalls der prozessualen Konsumtion. Auch jetzt noch soll das materielle Recht des Klägers durch die Prozeßeröffnung eine Veränderung erleiden, die nur möglicherweise

---

[1] Die an die Litiskontestation anknüpfende Konsumtionswirkung geht, das Verfahren überdauernd, in das Urteil ein und kann folgeweise auch mit der exceptio rei judicatae geltend gemacht werden, oder, wie es niemand treffender als Buchka, Einfluß des Prozesses I, S. 23 formuliert hat: . . „beide, Litiskontestation und Urteil bilden die Bestandteile ein und desselben großen Prozeßganzen, welches nicht bloß in seinem Anfange, sondern auch in seiner Totalität als Quelle der Konsumtionswirkung gedacht werden kann."

[2] Buchka, a. a. O. II, S. 32 f., 212. Wetzell, S. 574.

[3] Namentlich von civilistischer Seite. Die Wirkung der Rechtskraft wird hier auf die sog. positive Funktion reduziert, vermöge deren sie ausschließlich den Inhalt des Judikats geltend macht, und der siegreichen Partei nicht verwehrt, aus dem ursprünglichen Rechtsverhältnisse von neuem zu klagen, falls sie nur die inhaltlichen Schranken des Judikats respektiert. Vergl. v. Savigny, System VI, § 282, S. 272 f., § 286, S. 307 f., Windscheid, Pand. I, § 130, Note 24 f. Regelsberger Pand. I, § 196, S. 701, aber auch die Praxis folgt ihr großenteils (Seuffert, Arch., Bd. 42, Nr. 225, S. 314, Nr. 258, S. 263. Entsch. d. R.G. Bd. 16, Nr. 106, S. 434) und der Entwurf eines B.G.B. hat sie angenommen (1. Lesung § 191. Die 2. Lesung verweist die die Rechtskraft betreffenden Bestimmungen in die C.P.O., hält sie aber inhaltlich aufrecht, s. Reatz, die 2. Lesung des Entwurfs, Berlin 1894, S. 98). Dagegen halten die Prozessualisten meist an der negativen Funktion der exc. rei judicatae fest, vergl. v. Bethmann-Hollweg, Civ.-Proc., Bd. III, § 156, S. 297 f., § 153, S. 257 f. Wetzell, System, § 47, S. 573 f. Buchka, Einfluß des Prozesses, II, S. 21 f., 29 f., 211 f.

[4] Selbstverständlich kann die Frage, deren Litteratur fast unübersehbar ist, nicht ex professo erörtert werden; sie wird nur soweit besprochen, als es zur Rechtfertigung des eigenen Standpunktes erforderlich scheint.

durch absolutio ab instantia oder bewilligte Klagrücknahme paralysirt, durch das Sachurteil dagegen aufrecht erhalten wird.[1]

Die Anhänger einer ausschließlich positiven Funktion bekämpfen dagegen die Fortdauer der Konsumtion auch in dieser Einschränkung und folgern daraus den Wegfall der negativen Funktion der Rechtskraft.[2]

Nun ist jedenfalls soviel zuzugeben, daß die Erklärung der negativen Funktion der Rechtskraft durch die echte (nur auf das Urteil zurückgewichene) prozessuale Konsumtion in Folge der Bestimmung des § 14 Ziff. 5 des Einführungsgesetzes zur Civilprozeßordnung unhaltbar geworden ist. Denn mit dem Gedanken einer Zerstörung der actio ist die nach dem zitierten Paragraphen zulässige Nachforderung der fructus et usurae, quae officio iudicis debentur, unvereinbar.[3]

Aber diese Vernichtung betrifft zunächst nur eine historische Erscheinungsform des in der negativen Funktion der Rechtskraft sich manifestirenden Gedankens; es darf daher nicht ohne weiteres gefolgert werden, daß dieser selbst untergegangen ist. Er ist vielmehr, wie nunmehr nachzuweisen ist, auch im heutigen Rechte noch lebendig, nur beruht er nicht mehr auf dem Gedanken einer Zerstörung des in der actio metamorphosierten materiellen Rechts, sondern auf der Idee einer dauernden Gebundenheit des auf Grund des materiellen Rechts erhobenen Anspruchs gegen den Staat auf Rechtsschutz an den ursprünglichen Prozeß. Diese Auffassung hat zur Voraussetzung eine prozessuale Grundanschauung, welche scharf zwischen dem materiellen Rechte und dem öffentlichen, gegen den Staat sich richtenden Anspruche auf Schutz dieses Rechtes scheidet.[4]

Die Berechtigung einer solchen Annahme bildet eine der grundbewegenden Fragen der modernen Prozeßrechtswissenschaft. Indessen würde ein Eintritt in den darüber schwebenden prinzipiellen Streit weit über das Ziel der vorliegenden Arbeit hinausgehen. Für dieses genügt der Nachweis, daß die erwähnte Annahme die best-

---

[1] Buchka, Einfluß des Prozesses, II, S. 10 f., 22 f., 28. Wetzell, S. 573.

[2] Cf. Windscheid, Pand., § 130, Note 24 f.

[3] Vergl. Mandry, civilrechtl. Inhalt d. R.G., S. 254 f. Ruhstrat im civ. Arch., Bd. 65, S. 277 f.

[4] Dies ist die Anschauung, welche Wach im Handbuch I, S. 19 f. aufgestellt, im Feststellungsanspruch, S. 15 f. näher entwickelt und begründet hat. Durch die Richtung des Rechtsschutzanspruchs zugleich gegen den Gegner (Feststellungsanspr. S. 31 f.) wird seine begriffliche Verschiedenheit vom materiellen Rechte natürlich nicht alteriert. Denn auch in dieser Richtung hat er ausschließlich publicistischen Inhalt (Zwang des Gegners zur Erduldung des Prozesses) hat also nichts mit dem Inhalte der vom Gegner geschuldeten privatrechtlichen Leistung zu thun.

mögliche Lösung der hier in Betracht kommenden Probleme gewährt.[1]

Daß nun die Civilprozeßordnung die negative Funktion der der Rechtskraft aufrecht erhalten, sie aber nicht als Geltendmachung der Vernichtung der actio, sondern als die formelle Endigung des Verfahrens überdauernde Gebundenheit der Parteien an den alten Prozeß denkt, folgt vor allem aus den Bestimmungen der Civilprozeßordnung über die Wiederaufnahme des Verfahrens. Hiernach ist ein inzidenter Angriff auf das rechtskräftige Urteil ausgeschlossen. Der Kläger, welchem ein Restitutionsgrund zur Seite steht, kann nicht neuen Prozeß anstellen und die entgegengesetzte exceptio rei iudicatae mit der replicatio doli zurückschlagen, wohin die römische Entwicklung in Folge der stark ins materiellrechtliche spielenden Auffassung der Konsumtionswirkung schließlich gelangt ist.[2] Dem Angriffe auf das rechtskräftige Urteil steht vielmehr nur der Weg des Wiederaufnahmeverfahrens offen. Und dieses führt nicht zu materieller Restitution der actio und Entwicklung derselben in einen neuen Prozeß, sondern zu erneuter Verhandlung im alten Verfahren, dessen Inhalt an Prozeßstoff (Beweisergebnissen, Geständnissen, Versäumnisfolgen) soweit intakt bleibt, als das Verfahren nicht von dem vitium, welches zur Wiederaufnahme führte, betroffen ist (§ 553 C.P.O.). Mit anderen Worten: das Verfahren bleibt auch nach seinem Abschlusse durch rechtskräftiges Urteil in dem Sinne für die Rechtslage der Parteien causal, daß es jeden Angriff auf die rechtskräftige Feststellung in seine Bahnen zurückzwingt. Wenn aber die Rechtskraft selbst dann, wenn sie in Frage gestellt wird, eine Seitenentwicklung des ab-

---

[1] Zur Rechtfertigung des eingenommenen Standpunktes im allgemeinen mag nur soviel bemerkt werden: die Vorstellung, daß der Prozeß nur eine Evolution der materiellen Rechts darstelle, ist als unhaltbar schon von Degenkolb, Einlassungszwang und Urteilsnorm S. 4 f. nachgewiesen worden. Positiv findet sowohl die Erscheinung der Feststellungsklagen, wie zahlreiche in der Zwangsvollstreckung auftauchende Probleme (namentlich das Wesen der Vollstreckungsgegenklage) die befriedigendste Lösung durch die Annahme eines an den Staat sich richtenden Anspruchs auf Rechtsschutz, der dem materiellen Rechte gegenüber begrifflich selbständig ist, und zu welchem sich letzteres lediglich als eine seiner Grundlagen verhält, während die andere Grundlage die (positivrechtlich bald in engerem, bald in weiterem Umfange anerkannte) Schutzbedürftigkeit des (materiellen) Rechts ist.

Die meist von rechtsphilosophischen Gesichtspunkten aus gegen die Denkbarkeit eines rechtlichen Anspruchs der Partei gegen den Staat gerichteten Einwendungen können diesen, da er den realen Erscheinungen des Rechtslebens gerecht wird, meines Erachtens nicht wegraisonnieren. Vergl. übrigens Planck, Lehrb. I, S. 200, Wach, Festst.-Anspr., S. 27 f., 30 f.

[2] Vergl. l. 25 D. de dol. mal. 4, 3.

gethanen Rechtsschutzanspruchs in einem neuen Verfahren ausschließt, so muß ihr diese Wirkung auch zukommen, wenn eine Partei, ohne die rechtskräftige Feststellung direkt anzugreifen, von neuem klagen wollte; denn die erneute Klagerhebung involviert auf alle Fälle den Versuch, den im früheren Verfahren erledigten Rechtsschutzanspruch aus der Verbindung mit diesem zu lösen, was nach den vorstehenden Ausführungen unstatthaft ist.

Die vorstehends entwickelte Auffassung ist ferner mit der oben (S. 68) angeführten Bestimmung des Einführungsgesetzes zur Civilprozeßordnung vereinbar. Denn da das materielle Hauptrecht nicht zerstört, sondern lediglich durch die Rechtskraft überdeckt wird, so ist die Fortexistenz der dort erwähnten Accessionen, da ihnen ihr im materiellen Rechte begründeter Rückhalt nicht entzogen wird, denkbar.

Fassen wir die vorstehenden Ausführungen zusammen, so erscheint es auch heute noch als eine wesentliche Funktion der Rechtskraft, daß sie dem Angreifer die schlechthin bestehende Unzulässigkeit eines zweiten Prozesses über die abgeurteilte Sache entgegenhält. Nur ist der Grund der Unzulässigkeit nicht mehr, wie im Formularprozesse, eine mit der litis contestatio eintretende, der Novation vergleichbare materielle Veränderung der actio. Es ist vielmehr der die Wirkungen des Prozeßbeginns aus dem materiellen auf das prozessuale Gebiet verlegende Satz, daß die Rechtsschutzansprüche der Parteien dauernd, also auch nach formellem Abschlusse des Verfahrens durch rechtskräftiges sachliches Endurteil an den Prozeß gebunden bleiben,[1] in dem sie sich entwickelten, falls sie nicht durch zulässige Klagrücknahme oder absolutio ab instantia aus ihm gelöst werden — ein Satz, der sich zu seiner Realisierung während des Prozesses der exceptio litis pendentis, nach dem formellen Abschlusse des Verfahrens, durch rechtskräftiges Sachurteil der exceptio rei iudicatae als seines Organs bedient.

Nunmehr kann die Untersuchung in der Richtung auf den Vergleich wieder aufgenommen werden. Der Prozeßvergleich geht als Prozeßbeendigungsform dem Urteile, nicht der Klagrücknahme parallel. Denn soweit er in der Hauptsache geschlossen wird, bezweckt er, gleich ersterem, neben dem formellen Abschlusse des Verfahrens

[1] Es könnte hiergegen eingewendet werden, daß von einer dauernden Gebundenheit der Rechtschutzansprüche der Parteien an den Prozeß deshalb nicht zu reden sei, weil sie durch das rechtskräftige Urteil befriedigt und damit zum Erlöschen gebracht würden. Aber letzteres tritt nicht notwendig ein, nämlich in allen den Fällen nicht, in denen das Urteil im Wege der Wiederaufnahme des Verfahrens angegriffen und beseitigt wird. Es zeigt sich dann, daß das rechtskräftige Urteil nicht geeignet war, die Rechtsschutzansprüche der Parteien zu befriedigen.

die definitive sachliche Erledigung des Streits. Schon diese innere Verwandtschaft spricht dafür, auch in ihn die oben entwickelte, der negativen Funktion der Rechtskraft analoge, prozeßrechtliche Folge eingehen zu lassen. Dafür spricht weiter der formale Grund, daß die Civilprozeßgesetzgebung die Annullierung der durch den Beginn des Prozesses hervorgerufenen Wirkungen vermöge Parteikonvention nur als Folge der Klagrücknahme (§ 243 C.P.O.) kennt, während die prozeßbeendigende Wirkung des Vergleichs[1] als Ausfluß seines ihm eigentümlichen Wesens nicht durch eine in ihm enthaltene Klagrücknahme bedingt ist. Die prozessualen Wirkungen, welche an den in der Hauptsache geschlossenen Prozeßvergleich anknüpfen, sind daher von doppelter Art. Sie bestehen

1) in der formellen Beendigung des Verfahrens,
2) in der fortdauernden Gebundenheit der Rechtsschutzansprüche der Parteien an den Prozeß.

Als besonders wichtige Folge ergiebt sich hieraus, daß die Anfechtung des Prozeßvergleichs nur dadurch bewerkstelligt werden kann, daß eine Klage (analog der Restitutionsklage) auf Wiedereröffnung des alten Verfahrens angestellt wird. Es ist hierauf bei der Besprechung der rechtskraftähnlichen Wirkungen des Prozeßvergleichs zurückzukommen.

Daneben ist allerdings Prozeßvergleich als Surrogat der absolutio ab instantia möglich, nämlich wenn die Parteien ohne sachliche Festsetzung über den Streitgegenstand lediglich unter Regelung der Kostenlast das Verfahren beenden. Der Vergleich enthält dann neben der formellen Beendigung des Prozesses die Lösung der geltend gemachten Rechtsschutzansprüche aus ihrer Verbindung mit dem Verfahren. Für die Untersuchung genügt es, auf diese abweichende Gestaltung hinzuweisen. Die weitere Erörterung kann mit gleichem Rechte an den Normalfall — den in der Hauptsache geschlossenen Prozeßvergleich — anknüpfen, wie die Theorie des Urteils sich an das sachliche Endurteil hält.

Es bleibt noch die Frage zu beantworten, ob die an den Prozeßvergleich geknüpften prozessualen Wirkungen als Folge des auf ihre Entstehung gerichteten Parteiwillens anzusehen sind.

Wie erwähnt, verneint dies Trutter (Prozessuale Rechtsgesch. S. 127 f. 142. 431 f.). Er findet in der Civilprozeßordnung den Gedanken ausgedrückt, daß die Prozeßbeendigung als gesetzliche, vom Willen der Parteien unabhängige, ja gegen ihren Willen eintretende Rechtsfolge an den materiellrechtlichen Thatbestand des Vergleichs geknüpft sei. Dies soll aus den §§ 93 und 146 hervorgehen, weil

---

[1] Siehe oben S. 52 f.

nach ihnen der Rechtsstreit „durch den Vergleich“, d. h. wie Trutter paraphrasirt, „durch das materielle Rechtsgeschäft des Vergleichs“ ganz oder teilweise erledigt werde.

Diese Argumentation beruht indessen, wie leicht zu sehen, ausschließlich auf der Hineintragung einer theoretischen Konstruktion in das Gesetz. Denn es ist gerade die Frage, ob der Vergleichsbegriff der Civilprozeßordnung sich schlechthin mit dem materiellen Vergleichsbegriffe deckt und nicht vielmehr die Vorschriften der §§ 146. 268. 701 Ziff. 1 in analytischer Form die Elemente eines im Verhältnis zum materiellrechtlichen engeren prozessualen Vergleichsbegriffs enthalten.

Vergegenwärtigt man sich die Beziehung, die zwischen der prozessualen Folge der Beendigung des Verfahrens und dem wesentlichen rechtsgeschäftlichen Inhalte des Vergleichs besteht, so wird man die Frage sogar unbedingt im letzteren Sinne entscheiden müssen. Denn die formelle Prozeßbeendigung und die sonstigen oben entwickelten prozessualen Vergleichsfolgen stehen so evident im Dienste der rechtlichen Feststellung, die sie in ihrer Kraft ganz bedeutend verstärken, daß es völlig willkürlich wäre, sie von dem rechtsgeschäftlichen Willen, der nicht auf die einzelne materielle oder prozessuale Folge, sondern auf die Wirkung rechtlicher Feststellung durch die Totalität dieser Folgen gerichtet ist, auszuschließen.

Der übereinstimmende Parteiwille ist also die causa efficiens sowohl für die materiellen, wie für die prozessualen Wirkungen. In ersterer Hinsicht erscheint der Prozeßvergleich als materieller, in letzterer als prozessualer Vertrag. Diese Zwiespältigkeit des rechtlichen Wesens darf nicht dazu verführen, zwei getrennte Thatbestände anzunehmen. Die Parteien schließen nicht zwei von einander unabhängige Verträge, von welchen einer auf privatrechtlichem, der andere auf prozessualem Gebiete läge; es existiert vielmehr nur ein durch den einheitlichen Feststellungswillen zusammengehaltener Vertrag; nur setzen die Parteien zur Realisierung der beabsichtigten rechtlichen Folgen nicht nur das Privat-, sondern auch das Prozeßrecht in Bewegung.

Hinsichtlich der Realisierung der auf beiden Rechtsgebieten eintretenden Folgen besteht aber ein bedeutsamer Unterschied. Der materiellrechtliche Vergleichsinhalt kann sofort (durch Zahlung, Tradition, Abgabe der verlangten Willenserklärung) realisiert werden; er braucht es aber nicht. Möglicherweise wird im Vergleiche nur eine obligatorische Verbindlichkeit statuiert, rücksichtlich deren der Prozeßvergleich dann den Vollstrekungstitel bildet (§ 702 Ziff. 1). Anders verhält es sich mit dem publizistischen Inhalte. Es genügt nicht die Übernahme einer obligatorischen Verpflichtung zur Herbeiführung der Prozeßbeendigung,[1] vielmehr muß die Parteivereinbarung auf direkte Beendigung des Verfahrens gerichtet sein und in einer Form erklärt werden, welche sie für den Prozeß sofort existent macht.

Dies folgt aus der kategorischen Forderung des Gesetzes, daß der Vergleich „zur Beilegung des Rechtsstreits" geschlossen sein müsse, in Verbindung mit der Anordnung einer Form, welche für die Abgabe prozessualisch relevanter Willenserklärungen typisch ist (die Erklärung in der mündlichen Verhandlung vor dem Prozeßgerichte, oder an dessen Statt vor dem beauftragten oder ersuchten Richter s. u. § 10).

Es ist schließlich festzustellen, in welchem Verhältnisse der Begriff des Prozeßvergleichs zum materiellrechtlichen Vergleichsbegriffe steht. Dies involviert eine Vergleichung des Gegenstandes und des Inhalts beider. Der Gegenstand des Prozeßvergleichs ist mit dem des in ihm enthaltenen zivilistischen Vergleichs identisch. Es ist das im Prozesse befangene streitige, oder — da die Parteien hinsichtlich desselben der Prozeßgefahr unterworfen sind — mindestens unsichere materielle Rechtsverhältnis der Parteien,[2] soweit es der Privatautonomie unterliegt.

In seiner Beziehung auf den Streitgegenstand findet der Prozeßvergleich zugleich seine gegenständliche Schranke. Doch schließt dies nicht aus, daß außerprozessuale Rechtsverhältnisse soweit in den Vergleich hineingezogen werden, als es erforderlich ist, um zu einer Einigung über das Hauptobjekt zu gelangen.[3]

---

[1] Troeltsch, a. a. O., S. 70 hält sie für genügend und kommt demgemäß zu dem eigentümlichen Resultate, daß gegen den Beklagten auf Abgabe der betreffenden prozessualen Willenserklärung geklagt werden könne und nach Rechtskraft des auf Verurteilung zur Abgabe des Erklärung lautenden Urteils (§ 779 C.P.O.) der Prozeßvergleich perfekt werde.

[2] Nur soweit der Prozeßvergleich zugleich die Verpflichtung zur Tragung der Prozeßkosten regelt, betrifft er eine auf öffentlichem Gebiete erwachsene Verbindlichkeit, rücksichtlich deren daher auch das Prozeßgesetz Bestimmungen trifft (§ 93 C.P.O.).

[3] Soweit dies der Fall ist, dient der Prozeßvergleich noch dem Rechtsschutzzweck, wird diese Schranke überschritten, nur mehr dem Rechtsproduktionszwecke. Anderes will wohl auch Gaupp, Bem. I, lit. b zu § 702 nicht sagen, wenn er verlangt, daß eine „Beziehung der mit erledigten Rechtsverhältnisse zum anhängigen Rechtsstreit" erkennbar sei. Vergl. auch Troeltsch, a. a. O. S. 26. Die Grenze zu erkennen, wird dem Gericht in den meisten Fällen nicht schwer werden. Jenseits derselben könnten die im Hinblick auf das miterledigte Rechtsverhältnis versprochenen Leistungen nur durch ausdrückliche Unterwerfung der die Verpflichtung übernehmenden Partei unter die sofortige Zwangsvollstreckung nach § 702, Ziff. 5 vollstreckbar werden — also nur, wenn sie auf eine bestimmte Geldsumme oder eine bestimmte Quantität anderer vertretbarer Sachen gerichtet sind.

Dagegen ist der Inhalt des Prozeßvergleichs zum Teil publizistisch. Der Effekt rechtlicher Feststellung wird nicht, wie beim zivilistischen Vergleiche, ausschließlich durch Schaffung einer neuen materiellrechtlichen Grundlage für die Beziehung der Parteien erreicht, sondern neben der auf privatrechtlichem Gebiete liegenden Rechtsnormierung erhebt sich, gleichsam als zweite Schutzwehr für das festzustellende Recht, die durch die formelle Erledigung des Rechtsstreits aufgerichtete Schranke gegen erneuten prozessualen Angriff.

Der Inhalt des materiellrechtlichen Vergleichs wird bekanntlich weiter charakterisirt durch das Moment der Entgeltlichkeit; es muß ein beiderseitiges Nachgeben der Parteien vorliegen, entweder in Beziehung auf das streitige Rechtsverhältnis selbst, oder doch insofern, als diejenige Partei, welche völlig resignirt, von der anderen anderweit entschädigt wird.[1] Ob an den Prozeßvergleich dieselbe Anforderung zu stellen sei, ist in der Praxis bestritten.[2] Doch greift wohl die Erwägung durch, daß der von einem Gesetze verwendete Ausdruck, welcher eine technische Bedeutung besitzt (sei ihm diese auch auf einem anderen Rechtsgebiete aufgeprägt worden) in diesem technischen Sinne zu verstehen ist, falls sich nicht aus dem Gesetze selbst eine andere Bedeutung ergiebt. Man wird daher an dem Begriffsmerkmal der Entgeltlichkeit für den Prozeßvergleich festhalten müssen. Infolge der teilweise prozessualen Natur des Prozeßvergleichs aber füllt sich dieses Begriffselement insofern mit neuem Inhalte, als auch die Aufgabe prozessualer Rechte zur Erfüllung des Begriffsmerkmals der Entgeltlichkeit für genügend erachtet werden muß. Ein Beispiel bietet die nach Eintritt des Beklagten in die mündliche Verhandlung gegebene Einwilligung desselben in die Zurücknahme der Klage. Das vom Beklagten gewährte Entgelt besteht hier in dem Verzicht auf sein aus der passiven Prozeßobligation des Klägers fließendes prozessuales Recht, diesen am Rechtsstreit festzuhalten.[3]

[1] Vergl. Risch, a. a. O. S. 134 f. Kendjiro, a. a. O. S. 2 f., 17 f.

[2] Vergl. Dämmig in Wenglers Archiv, Jahrg. 1880, S. 513 f. Beschluß des L.G. Leipzig in Wenglers Archiv 1889, S. 410 f. Reichsgerichtsentscheidung Bd. XX, S. 416.

[3] Die Praxis hat bereits vielfach mit richtigem Takte diese Konsequenz gezogen. So bemerkt die Berufungskammer des L.G. Zwickau (Wenglers Archiv 1887, S. 494) über den dort erörterten Fall: „das gegenseitige Nachgeben besteht in dem Verzichte der Parteien auf das jeder von ihnen zustehende Recht, daß über die Berufung durch Urteil entschieden werde.“ Auch das L.G. Dresden (Wenglers Archiv 1888, S. 223 f.) gelangt zu dem Resultate, daß ein „Nachgeben rein formeller Art“ zur Erfüllung des Vergleichsbegriffs genüge. A.A. ist das O.L.G. Hamm in einem bei Busch, Bd. 13, S. 428 mitgeteilten Beschlusse und wohl auch das Reichsgericht (R.G.E. Bd. 20, S. 415 f. s. nament-

Auf Grund der nachstehenden Erörterungen ist die Definition des Prozeßvergleichs dahin zu formulieren, daß er ein entgeltlicher, sowohl dem materiellen, als dem Prozeßrechte angehöriger Vertrag ist, welcher einesteils durch Schaffung einer neuen zivilistischen Basis, anderenteils durch formelle Beendigung des Prozesses, das unter den Parteien streitige Rechtsverhältnis (ganz oder zum Teil) rechtlich festzustellen bestimmt ist.

Die praktisch wichtigste Konsequenz aus der prozessualen Natur des Prozeßvergleichs ist, daß er unter den von der Civilprozeßordnung technisch gebrauchten Begriff der Prozeßhandlung zu subsumieren ist.[1]

---

lich S. 417 oben). Allerdings bezieht sich letztere Entscheidung direkt nur auf einen Fall, in dem für den Beklagten ein Recht auf Durchführung des Prozesses noch nicht begründet war, da die Übereinkunft der Parteien vor dem Eintritt des Beklagten in die mündliche Verhandlung zustande gekommen war.

[1] Die Litteratur über diese Frage s. u. S. 84. Vielfach ist versucht worden, einen zureichenden Beweis für oder gegen die Prozeßhandlungsqualität des Vergleichs (wie auch der Dispositionsakte Anerkenntnis und Verzicht) aus dem Wortlaute der einschlagenden Bestimmungen der Civilprozeßordnung (§§ 77. 79. 81) abzuleiten. — In dieser Richtung spitzt sich die Streitfrage in der Hauptsache darauf zu, ob in § 77

„die Prozeßvollmacht ermächtigt zu allen den Rechtsstreit betreffenden Prozeßhandlungen, einschließlich derjenigen, welche durch eine Widerklage, eine Wiederaufnahme des Verfahrens und die Zwangsvollstreckung veranlaßt werden; zur Bestellung eines Vertreters, sowie eines Bevollmächtigten für die höheren Instanzen; zur Beseitigung des Rechtsstreits durch Vergleich, Verzichtleistung auf den Streitgegenstand oder Anerkennung des vom Gegner geltend gemachten Anspruchs; zur Empfangnahme der vom Gegner zu erstattenden Kosten,"

die auf Beilegung des Rechtsstreits gerichteten Handlungen lediglich deklarativ, zur Bestätigung ihrer Prozeßhandlungseigenschaft aufgeführt seien, oder ob ihre besondere Erwähnung auf einen zwischen ihnen und den Prozeßhandlungen bestehenden Gegensatz hindeute (vgl. hierzu die erschöpfende Darstellung Muskats in Boedikers Magazin, Bd. VIII, S. 208 f., ferner Gaupp, Bd. I, S. 126, Seuffert, S. 77, Struckmann-Koch, S. 61).

Eine dritte Möglichkeit ist dabei übersehen: Daß der Gesetzgeber die genannten Dispositionsakte gerade deshalb besonders neben den Prozeßhandhandlungen aufführt, um in der bestrittenen Frage, wieweit sie zu den Prozeßhandlungen gehörten, der Wissenschaft freie Hand zu lassen. Für die Bestimmung des Prozeßvollmachtsumfangs bedurfte es einer schärferen Umgrenzung des Begriffs der Prozeßhandlung nicht, wenn diejenigen Akte, von denen es zweifelhaft war, ob sie diesem Begriff unterfielen, als Bestandteile der Prozeßvollmacht besonders aufgeführt wurden. Thatsächlich geht aus den Protokollen der hannoverschen Kommission (S. 1070 f.), wie aus denen der norddeutschen (S. 208 f.) klar hervor, daß keine der Kommissionen entfernt daran dachte, die — schon damals bestrittene — Frage nach der Prozeßhandlungsqualität der erwähnten Dispositionsakte entscheiden zu wollen; man beschränkte die Aufgabe auf die Bestimmung des Vollmachtsumfangs und war sich darüber klar, daß hierfür nicht die rechtliche Natur der Handlungen, zu denen ermächtigt

## § 9. Die Subjekte des Prozefsvergleichs und ihre Vertretung.

Da dem Prozeßvergleiche die Kraft des Willens der Kontrahenten eintretende unmittelbare Beendigung des Verfahrens essentiell ist, so können nur diejenigen Personen seine Subjekte sein, die diese unmittelbare Rechtsveränderung herbeizuführen, den Prozeßnexus mit direkter Wirkung zu lösen vermögen: die Parteien. Nicht unbedingt wesentlich ist, daß sie zugleich Subjekte des festzustellenden materiellen Rechtsverhältnisses sind; denn hinsichtlich des materiellrechtlichen Bestandteils des Prozeßvergleichs genügt, wie oben dargelegt, die Übernahme einer obligatorischen Verbindlichkeit, und eine solche kann auch die Partei übernehmen, die nicht oder nicht mehr Subjekt der res in iudicium deducta ist. Daher bleibt der Rechtsvorgänger, auch nachdem er die im Streit befangene Sache oder Forderung veräußert, seine materiellrechtliche Beziehung zum Streitgegenstande also gelöst hat (§ 236 C.P.O.), zum Abschlusse prozessualen Vergleichs legitimiert.[1] Dagegen giebt die Eigenschaft, im Subjektsverhältnisse zu dem zu Grunde liegenden materiellen Rechtsverhältnisse zu stehen, nicht die Legitimation zum Abschlusse eines Prozeßvergleichs. Der Successor im Falle des § 236 C.P.O., der Auktor des beklagten Detentors (§ 73 C.P.O.) können vor ihrem eventuellen, bei ersterem an die Zustimmung des Gegners, bei letzterem an die des Detentors gebundenen Eintritt in den Prozeß als Hauptpartei zwar außergerichtlichen, nicht aber Prozeßvergleich mit dem Gegner schließen.[2]

---

werden sollte, sondern die legislativpolitische Erwägung maßgebend sei, wo am besten die Grenze zwischen den divergierenden Interessen des Vollmachtsgebers und des Gegners gezogen werde. § 77 C.P.O. subsumiert daher weder die Feststellungsgeschäfte unter den Begriff der Prozeßhandlung, noch schließt er solche Subsumtion aus. Die Entscheidung hängt daher ausschließlich von der Entwicklung der rechtlichen Natur dieser Akte ab. Die des Prozeßvergleichs ist dahin gegeben worden, daß er sich als prozessualer Vertrag darstelle. Hieraus folgt, daß er auch Prozeßhandlung ist, denn die Begriffskategorie des Vertrags ist der der rechtlichen Handlung untergeordnet.

[1] So die überwiegende Ansicht, dafür: Wach b. Gruchot, Bd. XXX, S. 790, 793; Kohler b. Busch, XII, S. 117; Stegemann b. Busch, Bd. XVII, S. 380. Gaupp, Bem. I zu § 236. Dagegen in Konsequenz seiner civilistischen Auffassung des Vergleichs: Förster-Eccius, a. a. O. I, S. 671. Wohl auch Mandry, S. 524, Note 5.

[2] Ist dies richtig, so liegt hierin ein weiteres Argument gegen die Auffassung des Prozeßvergleichs als materiellen Feststellungsgeschäfts. Von letzterem Standpunkt aus wären beide im Text beantwortete Fragen im entgegengesetzten Sinne zu entscheiden.

Dieselbe Erwägung giebt den Ausschlag bei der Frage nach der Legitimation des Nebenintervenienten zum Prozeßvergleichsschlusse.

Freilich, bei dem nicht streitgenössischen Intervenienten ist seine Befugniß dazu schon seiner Stellung zur res in iudicium deducta wegen abzulehnen. Daß aber auch der streitgenössische Intervenient,[1] dessen materielles Rechtsverhältnis durch den Ausgang des Rechtsstreits nicht minder als das des Intervenienten unmittelbar (§ 66 C.P.O.) normirt wird, selbst in Fällen, in welchen ihm materiell die volle Disposition über den Streitgegenstand zusteht, zum Prozeßvergleichsschlusse nicht legitimiert ist, das läßt sich nur aus der Eigenart seiner prozessualen Stellung[2] erklären, die in ihrer Unselbständigkeit ihm zwar gestattet, innerhalb des Rahmens des Prozesses zu handeln, nicht aber, wirksam über das Prozeßrechtsverhältnis selbst zu verfügen, also auch nicht durch Abschluß des die Lösung des Verfahrens herbeiführenden Prozeßvergleichs der Hauptpartei die Disposition über ihren Prozeß zu entziehen.

Ist somit Parteiqualität zum Prozeßvergleichsschlusse erforderlich, so fragt sich andererseits, ob diese stets genügt. Anlaß dazu giebt die Erscheinung der notwendigen Streitgenossenschaft.[3] Bekanntlich werden hierunter nicht Fälle einer prozeßrechtlich gebotenen Streitgenossenschaft verstanden,[4] sondern Fälle, in denen

---

[1] § 66 C.P.O.

[2] „Gehilfenstellung kraft eigenen Rechts, keine Parteistellung" (Wach, Handb., Bd. I, S. 641, Ziff. 2. Gaupp, Bem. I zu § 63 C.P.O., S. 153. Als Paradigma für den hier angenommenen Fall kann die Stellung des intervenierenden Auktors (§ 73 C.P.O.) in dem Prozeßstadium, in dem der Detentor noch nicht von der Klage entbunden worden ist, dienen. Vergl. hierüber Kohler b. Busch, XII, S. 151, 152. Die Kommentatoren sind über die im Text behandelte Frage nicht einig. Gaupp, Bem. II zu § 66, Seuffert, ebenda, Bem. 3, lit. g, i. V. mit Bem. 2, lit. g zu § 64 sind der hier vertretenen Ansicht. v. Wilmowki — Levy dagegen scheint (zu § 66) die Befugnisse des streitgenössischen Intervenienten bis zur Berechtignng zur Vornahme von Prozeßvergleich und den anderen materiellen Dispositionsakten steigern zu wollen.

[3] Keine Schwierigkeiten bietet die Frage nach der Legitimation der Streitgenossen zum Prozeßvergleichsschlusse im Falle der regulären Streitgenossenschaft des § 58 C.P.O. Da hier die Streitgenossen dem Gegner durchaus selbständig gegenüberstehen, so kann jeder Konsorte, ohne die prozessuale Lage des andern zu ändern und ohne hierzu mangels besonderer Vollmacht auch nur im Stande zu sein, Prozeßvergleich mit alleiniger Wirkung für die individuelle, zwischen ihm und dem Gegner sich spannende prozessuale Beziehung schließen.

[4] Planck, Mehrheit der Rechtsstreitigkeiten, S. 394 f., Gaupp, Bem. I zu § 59, Bd. I, S. 143, Hellmann b. Busch, XVII, S. 1 f. Einzige Ausnahme § 586, Abs. 2 C.P.O. Vergl. Gaupp, Bd. II, Bem. II, S. 222.

das sonst bestehende Prinzip der Nichtbeeinflussung der prozessualen Rechtslage des einen Streitgenossen durch Handlungen des anderen bis zu einem gewissen Grade durchbrochen ist. Kann hier der Streitgenosse Prozeßvergleich schließen? Und wenn, äußert seine Disposition Wirkung nur für seine Person, oder auch für die Konsorten?

Die Frage wird regelmäßig nur für den Spezialfall des § 59 aufgeworfen und dahin formuliert, ob der erschienene Streitgenosse mit Wirkung für die nicht erschienenen Konsorten Prozeßvergleich schließen könne.[1]

Da aber § 59 symptomatisch für die Existenz einer eigenartigen prozessualen Verbindung im Falle der notwendigen Streitgenossenschaft ist, so ist es wohl methodisch richtiger, die Frage für das Verhältnis schlechthin, nicht beschränkt auf den Fall der Versäumnis des einen Streitgenossen zu stellen und sie zugleich darauf zu richten, ob Dispositionsbefugnis des einzelnen Konsorten mit Beschränkung auf seine prozessuale Beziehung zum Gegner bestehe.

Unter dem (terminologisch ungenauen) Ausdrucke „notwendige Streitgenossenschaft" begreift das Gesetz die Fälle der Streitgenossenschaft, in denen das den Gegenstand des Prozesses bildende Rechts-

---

[1] Hierüber herrschen entgegengesetzte Ansichten. Während ein Teil der Schriftsteller die Vertretungsfiktion des § 59 auf den prozessualen Vergleich ausdehnt (so Hellmann b. Busch, XVII, S. 8 f., S. 14 gegen Hachenburg) Struckmann-Koch, § 59, Anm. 3, Dreyer b. Gruchot, XXVIII, S. 38, läßt die gemeine Meinung den Prozeßvergleich von der erwähnten Fiktion nicht getroffen werden und will seine Wirkung (wie die der übrigen Dispositionsakte über den Anspruch) so Gaupp, Bem. III, note 8 zu § 59, Bd. I, S. 144, oder nur die seinige, im Gegensatz zu den übrigen Dispositionsakten, so Seuffert, Bem. 4c zu § 59, Kleinfeller in der Krit. Vierteljschr., Bd. XXXV, S. 226 nach dem Civilrechte bestimmen. Neuerdings schließt Wachenfeld, die notwendige Streitgenossenschaft, Hannover 1894, S. 135 f. auf der Grundlage einer Gruppierung der Prozeßhandlungen in prozeßbetreibende und prozeßbeendende den Vergleich, wie alle Letzteren von der Vertretungsbefugnis des erschienenen Genossen aus. Es soll mit der Tendenz des Gesetzes, die auf Schutz des Ausgebliebenen gerichtet sei, im Widerspruch stehen, daß der erschienene Genosse den Säumigen durch Herbeiführung der Prozeßbeendigung seiner Stellung als Prozeßsubjekt beraube. Da Wachenfeld gleichzeitig dem erschienenen Genossen die Befugnis gewährt, mit Beschränkung auf die eigene prozessuale Beziehung die prozeßbeendigenden Dispositionsakte vorzunehmen, so ist es bei ihm in keinem Falle der notwendigen Streitgenossenschaft ausgeschlossen, daß der Prozeß mit einer verschiedenartigen sachlichen Feststellung für die einzelnen Streitgenossen ende (beispielsweise durch Prozeßvergleich für den Einen, durch Urteil für den Andern). Hierbei scheint nicht genügend berücksichtigt, daß es, wie unten nachzuweisen, Fälle giebt, in denen eine verschiedene sachliche Feststellung des streitgenössischen Rechtsverhältnisses rechtlich unmöglich ist.

verhältnis aus Gründen des bürgerlichen oder des Prozeßrechts sämmtlichen Streitgenossen gegenüber nur einheitlich festgestellt werden soll. Diese Gründe aber sind innerlich verschieden. Es ist entweder die völlige Identität der rechtsbegründenden und rechtszerstörenden (bezw. rechtshemmenden) Thatsachen[1] für sämmtliche Streitgenossen, welche die isolirte Wirkung der einseitigen Disposition eines Streitgenossen auf sein Verhältnis zum Gegner undenkbar und damit bei der Natur der Urteilsdecisive als Produkt logischer Subsumtion des Thatbestandes unter die Norm des Gesetzes inhaltlich abweichende Entscheidungen im Verhältnisse zu den einzelnen Streitgenossen begrifflich unmöglich macht,[2] oder eine Rücksicht der gesetzgeberischen Politik, welche eine divergente Feststellung, die als begrifflich möglich gedacht werden kann, aus technischen oder praktischen Gründen zu vermeiden strebt.

Eine erschöpfende Gruppierung der einzelnen Fälle nach diesen Kategorieen würde hier zu weit führen. Es genügt, die vorhandene rechtliche Verschiedenheit und ihren Einfluß auf die Befugnis der einzelnen Konsorten zum Prozeßvergleichsschlusse an einzelnen Beispielen zu erweisen.

Der ersten Gruppe ist, abgesehen von den Fällen der §§ 586 Abs. 2 und 607 C.P.O.[3], die Streitgenossenschaft der Miteigentümer des angeblich herrschenden oder dienenden Grundstücks im Prozesse über Bestehen oder Nichtbestehen einer Prädialservitut,[4] ferner die Streitgenossenschaft der Gesellschafter im Prozesse der offenen Handelsgesellschaft einzureihen.

---

[1] Wenigstens in der Begrenzung, in welcher das Rechtsverhältnis dem Prozesse unterliegt, wie im Firmenprozesse der offenen Gesellschafter; vergleiche Wach, Handb. I, S. 528.

[2] Wach, in der krit. Vierteljsch. XIV, S. 345. Dreyer b. Gruchot, Bd. 38, S. 26.

[3] Sie kommen spezell für unsere Frage nicht in Betracht, denn die Notwendigkeit einheitlicher Feststellung beruht auf dem die Parteidisposition und damit die Möglichkeit des Prozeßvergleichs ausschließenden Offizialprinzip.

[4] Vom Standpunkte des gemeinen Rechts aus; denn da es hier keine Bestellung der Servitut an einem ideellen Teil des dienenden oder für einen ideellen Teil des herrschenden Grundstücks giebt, und ebensowenig die Servitut pro parte indivisa erlöschen kann, so ist eine abweichende Sentenz dem einzelnen Grundstückseigentümer gegenüber logisch undenkbar: sententia praedio datur. cf. Wach a. a. O. Konsequenz hiervon ist die Wirkung der Rechts kraft für und gegen die anderen Miteigentümer, auch wenn nur einer von ihnen den Prozeß geführt hat (vergl. l. 4, §§ 3, 4, l. 6, § 4 D. si serv. vind und dazu v. Savigny, System VI, S. 479 f.). Anders nach sächs. Rechte. Hier ist durch § 570 B.G.B., Satz 2 die Möglichkeit divergenter Urteile gegen die mehreren Grundstückseigentümer im Servitutenprozesse geschaffen und § 332 zieht daraus die Konsequenz, indem es die Rechtskraft des zwischen dem einen Miteigentümer und dem Servitutenprätendenten ergangenen Urteils für die übrigen Miteigentümer negiert.

In diesen Fällen kann ein auf Sonderdisposition beruhender, nur für die Rechtslage eines der Genossen wirksamer Prozeßvergleich als sachlicher Abschluß des Prozesses so wenig gedacht werden, wie ein nur für die Rechtslage eines Streitgenossen wirksames sachliches Endurteil.

Denn die begriffliche Unmöglichkeit divergenter Entscheidungen beruht ja gerade darauf, daß die rechtlich überhaupt relevanten Thatsachen das Verhältnis sämtlicher Streitgenossen gleichmäßig ergreifen. Es kann also hier das Verfahren auch durch Prozeßvergleich in der Hauptsache nur mit Wirkung für sämtliche Streitgenossen oder überhaupt nicht beendet werden.[1]

Anders verhält es sich mit der zweiten Gruppe, die nicht nur die Fälle der gemeinrechtlichen exceptio plurium litis consortium, sondern eine Reihe vom Prozeßrecht neu geschaffener[2] umfaßt. In allen diesen Fällen ist im Verhältnis zum Gegner eine sachliche Disposition der einzelnen Streitgenossen, welche sich auf seine rechtliche Beziehung zu jenem beschränkt und das Rechtsverhältnis der übrigen Konsorten unberührt läßt, durchaus denkbar. Beispielsweise ist im Falle der l. 31 § 5 D. de aed. ed. 21, 1[3] nicht einzusehen, weshalb der Verkäufer sich nicht mit einzelnen der Konsorten sollte vergleichen können, während er den Prozeß gegen die anderen weiter führte.

Eine innere Abhängigkeit der Ansprüche der Erben von einander besteht nun insofern, als es ausgeschlossen ist, daß ein Teil der Erben die a. redhibitoria, ein anderer die a. quanti minoris gegen den Verkäufer anstelle: Von dieser, lediglich in billiger Rücksicht auf das Interesse des Verkäufers getroffenen Beschränkung abgesehen, sind die Einzelansprüche durchaus selbständig und der individuellen Disposition der einzelnen Erben dem Verkäufer gegenüber zugänglich.

Ebenso steht es hinsichtlich der Möglichkeit der Beschränkung der einzelnen Disposition auf die subjektive Beziehung der Streitgenossen zum Gegner in den in der Note 2 erwähnten, dem

---

[1] Einseitiges Ausscheiden eines Konsorten aus dem Prozesse ohne sachliche Entscheidung (Klagrücknahme) bleibt natürlich immer möglich.

[2] §§ 134 K.O., 690, Abs. 2, 710, Abs. 3, 753, Abs. 2, 4 C.P.O. Die Fälle werden auch vielfach der ersten Gruppe unterstellt (s. Seuffert, Note 3ada und die dort Citierten) oder sie werden als eigene Gruppe ausgeschieden (Gaupp, Bem. II, 3 zu § 59, Bd. I, S. 144.)

[3] Si plures heredes sint emptoris, an omnes ad redhibendum consentire debeant, videamus. Et ait Pomponius, omnes consentire debere ad redhibendum, dareque unum procuratorem, ne forte venditor injuriam patiatur, dum ab alio partem recipit hominis, alii in partem pretii condemnatur, quanti minoris is homo sit. Vergl. § 910 sächs. B.G.B.

Prozeßrecht angehörigen Fällen, von denen der des § 134 K.O. zum Paradigma dienen möge.

Dieser Paragraph disponirt, daß der Gläubiger, dessen Forderung im Prüfungstermine bestritten bleibt, die Feststellung derselben gegen die Bestreitenden klagweise zu betreiben hat. Man ist darüber einig, daß der Gläubiger, um zu konkursmäßiger Befriedigung zu gelangen, sämtliche erhobene Widersprüche beseitigt haben muß; nach der überwiegenden und richtigen Ansicht ist aber gemeinschaftliche Belangung des Widersprechenden nicht obligatorisch für ihn,[1] er kommt vielmehr auch zum Ziele, wenn er die in getrennten Prozessen Beklagten sämtlich besiegt. Kumuliert er jedoch die Klagen, so liegt ein Fall der notwendigen Streitgenossenschaft vor; nicht deshalb, weil einheitliche Entscheidung allen Widersprechenden gegenüber logisch gefordert wäre: das Recht eines jeden der letzteren ist durchaus individuell und unterliegt seiner freien Disposition, ohne daß die Rechte der anderen Widersprechenden dadurch berührt würden; sondern aus Zweckmäßigkeitsrücksichten: Im billigen Interesse des Gläubigers, dem widersprechende Entscheidungen stracks zuwiderlaufen, soll bei vorhandenem Litiskonsortium die Entscheidung einheitlich fallen. Begiebt sich der Gläubiger dieses Vorteils, indem er sich mit einzelnen Widersprechenden in Sonderdispositionen einläßt, so ist wieder nicht einzusehen, was dem entgegenstehen sollte. Zwar wird die Wirksamkeit eines etwa mit einem Widersprechenden geschlossenen Sondervergleichs möglicherweise durch die Koexistenz der anderen Widersprüche in Frage gestellt. Der Gläubiger muß, damit seine Forderung in der vergleichsweise beigelegten Höhe zur Tabelle festgestellt werde, gegen die übrigen Streitgenossen ein mindestens gleich günstiges Urteil erzielen. Unterliegt er auch nur gegen einen, so nützt ihm die ihm günstigere Vergleichsdisposition nicht. Daß diese aber keineswegs von vornherein ungiltig ist, sondern schlimmstenfalls durch ein späteres, dem Gläubiger ungünstigeres Urteil zu Falle gebracht wird, wird klar, wenn man sich vorstellt, daß der Gläubiger gegen die anderen Widersprechenden obsiegt. Trotz seines vollen Siegs würde er die Feststellung seiner Forderung zur Tabelle nur in der dem einen Widersprechenden gegenüber vergleichsweise festgesetzten Höhe verlangen können. Daher kann an der begrifflichen Selbständigkeit der Einzeldisposition in diesem Falle kein Zweifel erhoben werden.

Aus dieser inneren Verschiedenheit beider Gruppen ergiebt sich eine verschiedene Bedeutung der Vertretungsfiktion des § 59 für sie:

---

[1] Vergl. Wach, Handbuch I, S. 624.

Für die Fälle der ersten Gruppe muß diese bei der begrifflichen Unmöglichkeit einer Sonderfeststellung soweit reichen, daß der sachliche Abschluß des Prozesses trotz des Ausbleibens eines Streitgenossen schlechthin gesichert ist — also bis zum Abschlusse eines Prozeßvergleichs mit bindender Wirkung für das Gesamtverhältnis. Dagegen führt in den Fällen der zweiten Gruppe die ratio des Gesetzes dahin, diese Befugnis auszuschließen, weil für den erschienenen Streitgenossen die Möglichkeit besteht, seine prozessuale Beziehung durch Prozeßvergleichschluß aus der Verbindung mit dem streitgenössischen Prozesse zu lösen, somit ein Grund, ihm gleichzeitig die Disposition über die prozessualen Beziehungen der übrign Konsorten einzuräumen, fehlt.

Soweit dagegen § 59 C.P.O. nicht einschlägt, bestimmt sich die Befugnis des einzelnen Konsorten zum Prozeßvergleichsschlusse auch für die Fälle der ersten Gruppe ausschließlich nach dem bürgerlichen Recht.

Die Vertretung der Parteien beim Prozeßvergleichschlusse richtet sich in den Grundzügen nach den für ihre Vertretung im Prozesse überhaupt maßgebenden Normen. Sie ist daher stets eine direkte und ihrem Grunde nach entweder eine gesetzliche, oder eine gewillkürte. Sie wird ferner von dem der direkten Stellvertretung überhaupt eigentümlichen Gedanken beherrscht, daß die rechtliche Macht des Vertreters, die Partei dem Gegner zu verpflichten, von seiner Befugnis hierzu der Partei gegenüber begrifflich unabhängig ist. Daher ist die Frage, ob die Partei durch den vom Vertreter geschlossenen Prozeßvergleich dem Gegner gebunden wird, scharf von der andern zu trennen, ob der Repräsentant im Verhältnis zur Partei zum Abschlusse des Vergleichs berechtigt war. Ein verschiedenes Resultat kann sich bei der gewillkürten, wie bei der gesetzlichen Vertretung einmal als Folge der möglichen Inkongruenz der äußeren und inneren Seite des Repräsentationsverhältnisses ergeben. Solche Inkongruenz liegt z. B. vor, wenn der Vollmachtgeber dem Vertreter unbeschränkte Prozeßvollmacht erteilt (§ 77 C.P.O.), ihn aber durch Mandat intern verpflichtet hat, Prozeßvergleich überhaupt nicht, oder nur unter bestimmten Bedingungen zu schließen, oder wenn das Landesrecht für Vergleiche, welche der Vormund schließt, ganz allgemein vormundschaftsgerichtliche Genehmigung fordert, während § 52 C.P.O., wie unten näher auszuführen, unter gewissen Voraussetzungen diese Beschränkung hinsichtlich des Prozeßvergleichs im Verhältnisse zum Gegner (nicht aber zum Mündel) cessieren läßt.

Dieselbe Erscheinung kann jedoch auch bei Kongruenz der äußeren und inneren Seite des Repräsentationsverhältnisses infolge der wenigstens bei der gewillkürten Stellvertretung vorliegenden

Möglichkeit, daß die Vertretungsmacht (Vollmacht) das Auftragsverhältnis überdauert (z. B. § 83 C.P.O.), eintreten. Die Civilprozeßordnung regelt, wie überhaupt, so auch bezüglich des Prozeßvergleichs nur die äußere Seite des Repräsentationsverhältnisses. Hierauf wird sich daher auch die folgende Erörterung beschränken.

Im einzelnen hängt die Würdigung der einschlagenden Gesetzesbestimmungen zum allergrößten Teile von der prozessualen Charakteristik ab, welche man dem Prozeßvergleiche zu Teil werden läßt. Diese ist an anderer Stelle (s. o. S. 75) dahin gegeben worden, daß der Prozeßvergleich als Prozeßhandlung im Sinne der C.P.O. aufzufassen sei. Hier handelt es sich daher nur darum, aus ihr deduktiv die Folgen für die vorliegende Frage zu entwickeln.

1. Die gewillkürte Vertretung beruht beim Prozeßvergleiche entweder auf der Prozeßvollmacht, die die Befugnis, Prozeßvergleich mit Wirkung für den Vollmachtgeber zu schließen, in Ermangelung ausdrücklicher gegenteiliger Bestimmung (§ 79 C.P.O.) in sich enthält (§ 77 C.P.O.), oder auf besonderer Vollmacht, die jedoch nur, soweit eine Vertretung durch Anwälte nicht geboten ist, zulässig ist (§ 79, Abs. 2).

Aus letzterer Bestimmung folgt vor allem, daß in der mündlichen Verhandlung vor Kollegialgerichten der Sonderbevollmächtigte ebenso wenig wie die Partei selbst (§ 74 Abs. 1 C.P.O.) über den Kopf des Anwalts hinweg Prozeßvergleich schließen kann.[1]

Die Rücknahme der Vollmacht zum Prozeßvergleichsschlusse ist nicht nur durch Entziehung der Prozeß- oder Sondervollmacht, auf denen die Ermächtigung zum Vergleichsschlusse ruhte, sondern auch durch nachträgliche Beschränkung dieser Vollmachten (§ 79, Abs. 1 C.P.O.) möglich; aus dem Charakter des letzteren Aktes als partieller Rücknahme der Vollmacht folgt, daß er dem Gegner gegenüber erst durch die nach § 83 C.P.O. erfolgte Erklärung an ihn wirksam wird.[2]

2. Die Befugnis des gesetzlichen Vertreters zum Vergleichsschlusse im Prozesse ist Gegenstand einer bekannten Controverse. Vielfach macht das Civilrecht die Giltigkeit des vom gesetzlichen Vertreter für den Vertretenen geschlossenen Vergleichs von der Einholung einer besonderen Ermächtigung abhängig. Namentlich wird häufig die Genehmigung des Vormundschaftsgerichts zu Vergleichen gefordert, welche der Vormund für den Bevormundeten schließt.[3]

---

[1] Vergl. Wach, Handbuch I, S. 610, 611.

[2] Vergl. Wach, Handbuch I, S. 578 und Note 32, sowie die daselbst citierten.

[3] Vergl. Preuß. Vorm.-Ordnung v. 5./7. 1875, § 42, No. 8. Sächs. Bürgerl.

6*

Gilt diese Beschränkung auch im Prozesse, oder wieweit ist sie dort beseitigt? Maßgebend ist § 52 C.P.O., welcher bestimmt:

„Einzelne Prozeßhandlungen, zu welchen nach den Vorschriften des bürgerlichen Rechts eine besondere Ermächtigung erforderlich ist, sind ohne dieselbe giltig, wenn die Ermächtigung zur Prozeßführung im Allgemeinen erteilt, oder die Prozeßführung auch ohne eine solche Ermächtigung im Allgemeinen statthaft ist.“

Die Entscheidung hängt also auch hier lediglich davon ab, wieweit der im Prozesse geschlossene Vergleich unter den Begriff der Prozeßhandlung zu subsumieren ist.[1]

Nach der oben S. 50 f., 75 entwickelten Ansicht ist dies der Prozeßvergleich, nicht der Sühne- oder außergerichtliche Vergleich. Durch Abschluß des Ersteren[2] verpflichtet daher der gesetzliche Vertreter, wenn er nur die Ermächtigung zur Prozeßführung im Allgemeinen besitzt, oder die Prozeßführung auch ohne solche Ermächtigung im Allgemeinen statthaft ist, den von ihm Vertretenen auch ohne Einholung der nach bürgerlichem Rechte erforderlichen besonderen Ermächtigung. Da jedoch § 52 C.P.O. nur die äußere Seite des Vertretungsverhältnisses betrifft, so wird das landesgesetzliche Erfordernis besonderer Ermächtigung im Verhältnisse zwischen Vertreter und Vertretenen nicht beseitigt.

Ersterer macht sich daher, wenn er sie einzuholen unterläßt, für den dem Vertretenen erwachsenen Schaden haftbar und verwirkt eventuell die angedrohte Ordnungsstrafe.[3]

---

Gesetzbuch § 1917. Wegen des würtembergischen Rechts s. Gaupp, Bem. II, Note 5 zu § 52.

[1] Lediglich auf der Differenz der Ansichten über diesen Punkt beruht denn auch die Kontroverse. Wer die Prozeßhandlungsqualität des Vergleichs in Abrede stellt, muß auch die Wirkung des vom gesetzlichen Vertreter ohne Ermächtigung geschlossenen Vergleichs dem Vertretenen gegenüber leugnen. Dies thun insbesondere: Küntzel bei Gruchot Bd. 24, S. 772, 776 f. und Bd. 25, S. 327 f., Bd. 28, S. 276 f. Eccius daselbst Bd. 30, S. 465 f. Förster-Eccius, Preuß. Priv.-R. I, S. 697; Planck, Lehrb. I, S. 223, Note 13; Jünger a. a. O. S. 7 f., 28; Wilm. Levy, Note 2 zu § 52. Auch das R.G. hat sich dieser Meinung in der Entsch. v. 24./6. 1887 (Bd. 19, S. 362 f.) angeschlossen.

Die entgegengesetzte Ansicht verteidigen, entweder allgemein, oder mit Beschränkung auf die Vergleiche des § 702, Ziff. 1 und 2, oder endlich auf den Prozeßvergleich: Die Kommentare von Struckmann — Koch, Gaupp und Seuffert zu § 52; Wach, Handbuch I, S. 577, Not. 28, S. 592; Brettner bei Gruchot, Bd. 25, S. 324; Muskat in Boediker's Magazin Bd. 8 (1888), S. 201 f.; Troeltsch a. a. O. S. 60, 79 f.

[2] Bezüglich der letzteren s. oben S. 52, Note 1.

[3] Vergl. Gaupp, Bem. II zu § 52, S. 127, Note 5; Seuffert, ebenda Bem. 4.

## § 10. **Form und Modalitäten des Prozeßvergleichs.**

Bereits oben ist der innere Zusammenhang betont worden, in dem § 702 Ziff. 1 zu den §§ 268 und 146 C.P.O. steht: § 702 Ziff. 1 macht den Vergleich nicht im weiterem Umfange zum Vollstreckungstitel, als er nach §§ 268, 146 prozeßbeendigender, organisch in das Verfahren eingefügter Akt ist. Hieraus folgt, daß der Prozeßvergleich

1. nur vor einem Gerichte geschlossen werden kann, das als Behörde der streitigen Gerichtsbarkeit thätig wird,

2. nur vor einem Gerichte, das mit der Sache, sei es durch Klagerhebung, sei es durch Auftrag oder Ersuchen befaßt ist.[1]

Letztere Begrenzung beruht darauf, daß das Gericht in Ermanglung einer solchen Beziehung nur als Organ der freiwilligen, nicht als solches der streitigen Gerichtsbarkeit thätig werden könnte,[2] der abgeschlossene Vergleich mithin des prozessualen Charakters entbehrte.

Aus dem unter 2) Gesagten ergiebt sich die Unzulässigkeit der gebräuchlichen Fragestellung, welche darauf abzweckt, die Kategorien von Gerichten, vor welchen Prozeßvergleich geschlossen werden kann, in abstracto festzustellen. Die Befugnis zur Aufnahme des Prozeßvergleichs ist nicht schlechthin, sondern nur für das Gericht begründet, welches mit der Sache nach Maßgabe des unter 2. Ausgeführten befaßt ist. Dies ist regelmäßig nur das ordentliche Gericht, denn § 702 Ziff. 1 C.P.O. bezieht sich nur auf Vergleiche über Rechtsverhältnisse, für welche die Zuständigkeit der ordentlichen Gerichte begründet ist, (arg. § 13 G.V.G., 268 C.P.O).

Vor einem Sondergericht kann Prozeßvergleich auf Grund des § 702 Ziff. 1 C.P.O. nur geschlossen werden, wenn es durch Requisition des Prozeßgerichts mit der Sache befaßt ist. Die Möglichkeit dazu besteht, wenn auch nur sehr beschränkt. Beispiele bieten: Ersuchen des Consuls (§§ 157 G.V.G. 12 u. 13 des Ges. über die Consulargerichtsbarkeit v. 10./7. 1879) und des vom Reichskanzler mit der Ausübung der Gerichtsbarkeit in den Schutzgebieten ermächtigten Beamten (§ 2 des Ges. v. 15./3. 1888, die Rechtsverhältnisse der deutschen Schutzgebiete betreffend). Der auf solche Requisition vor den erwähnten Sondergerichten geschlossene Vergleich ist Prozeßvergleich auf Grund des § 702 Ziff. 1.

---

[1] Gleichgültig ist, ob das Ersuchen oder der Auftrag auf die Vornahme der Sühnehandlung selbst, oder einer anderen richterlichen Handlung gerichtet ist. Dies folgt aus der Vertretung des ersuchenden Gerichts durch das ersuchte. Die Hannoverschen Entwürfe (I, § 87, Abs. 2 und III, § 222, Abs. 2) enthielten den Satz ausdrücklich.

[2] Denn die C.P.O. kennt nicht die spontane Thätigkeit des Gerichts in anderweit anhängigen Sachen.

Wenn daneben Vergleiche, die in Sachen geschlossen werden, welche vor Sondergerichten anhängig sind, vielfach Vollstreckungstitel bilden, so sind sie es nie unmittelbar auf Grund des § 702 Ziff. 1 C.P.O. sondern stets kraft besonderer, für das Verfahren vor den Sondergerichten geltender prozessualer Normen. So für den in consulargerichtlichen Sachen geschlossenen Vergleiche auf Grund von § 3 des Ges. über die Consulargerichtsbarkeit v. 10./7. 1879, Vergleiche in Sachen, die bei dem Gerichte des Schutzgebiets anhängig sind, auf Grund von § 2 des Ges. betr. die Rechtsverhältnisse der deutschen Schutzgebiete v. 15./3. 1888, Normen, welche die C.P.O. generell für anwendbar erklären und folgeweise auch nach § 268, 702 Ziff. 1 Prozeßvergleichsschluß zulassen; in Gewerbesachen (§ 3 des Ges. betr. die Gewerbegerichte v. 29./7. 1890) auf Grund der §§ 39, 54, 56 dieses Gesetzes. Namentlich letztere Bestimmung wäre gegenstandslos, wenn die in solchen Sachen vor den betreffenden Sondergerichten geschlossenen Vergleiche ohne weiteres kraft § 702 Ziff. 1 C.P.O. Vollstreckungstitel wären.[1]

Die Erklärung vor dem Prozeßgerichte in der mündlichen Verhandlung oder vor dem commissarischen Richter ist wesentliches Formerfordernis für den Prozeßvergleich (vgl. §§ 268, 702 Ziff. 1). Mangelt es daran, so kommen dem Vergleiche keinerlei prozessuale Wirkungen zu und seine zivilistische Giltigkeit ist ausschließlich nach dem einschlagenden materiellen Rechte zu bestimmen.

Die weiterhin in den §§ 146, 148 und 151 C.P.O. aufgestellten Formvorschriften (Aufnahme des Prozeßvergleichs in das Gerichtsprotokoll oder eine diesem beigefügte Anlage, Verlesung des Protokolls und Genehmigung desselben durch die Parteien) wird man dagegen als bedingend für die prozessuale Wirksamkeit des Vergleichs nur ausnahmsweise erachten können, nämlich dann, wenn der Vergleich vor dem beauftragten oder ersuchten Richter geschlossen worden ist. Denn die vor diesem vorgenommenen Rechtsakte müssen, um prozessual erheblich zu werden, schriftlich fixirt sein (arg. 261 Abs. 1 C.P.O. cf. §§ 258, 354 C.P.O.).[2]

Für den vor dem Prozeßgericht selbst abgeschlossenen Vergleich dagegen ist die Protokollierung kein die Perfektion des Vertrags bedingendes Element, sondern ein nur sekundär, seiner Qualität als Vollstreckungstitel wegen notwendiges.[3] Da jedoch das Gericht

[1] So im Wesentlichen auch Troeltsch S. 24.

[2] Vergl. Planck, Lehrb. I, S. 177, Note 13 und S. 294.

[3] Das Gegenteil müßte, als exceptionelle Vorschrift, ausdrücklich bestimmt sein, was nicht der Fall ist, vergl. die treffenden Ausführungen von Troeltsch a. a. O. S. 27. Daß dem Protokoll auch nicht die Bedeutung zukommt, ausschließliches Beweismittel für den Vergleichsschluß zu sein, ergiebt das aus

instruktionell zur Protokollierung verpflichtet ist, so hat es sie, wenn sie versehentlich unterblieben sein sollte, auch von Amtswegen nachzuholen, falls es sich des Inhalts des Vergleichs noch erinnert.[1] Ist ihm dieser nicht mehr gegenwärtig, und können sich die Parteien nicht noch einigen, so muß allerdings besondere Entscheidung ergehen. Diese hat aber den Vergleich nicht als materiellrechtlichen Vertrag, sondern als prozeßbeendigenden Akt zu berücksichtigen, so daß sie korrekt dahin zu fassen sein würde, daß der Prozeß durch einen Vergleich des und des Inhalts beendet worden sei.[2] [3]

Nicht unwichtig ist die Frage, wie weit der Prozeßvergleich den Zusatz beschränkender Bestimmungen seitens der Parteien verträgt. In dieser Richtung leuchtet zunächst ein, daß er resolutiv nicht bedingt sein kann; denn die Verwirklichung der entsprechenden Parteiabsicht würde erfordern, daß der bloße Eintritt der Bedingung mit der rechtlichen Folge ausgestattet wäre, den durch den Vergleich formell abgeschlossenen Prozeß wieder anhängig zu machen, was nach dem geltendem Rechte ausgeschlossen ist. Fraglich kann nur sein, ob die Parteien Prozeßvergleich unter einer Suspensivbedingung schließen, also den Eintritt seiner Rechtswirkungen und damit der Prozeßbeendigung von einem zukünftigen Ereignisse abhängig machen können. Einer derartigen Vergleichsconvention stehen prozessuale Bedenken nicht entgegen; denn wenn auch das Urteil nicht unter einer Suspensivbedingung erlassen werden darf (arg. §§ 54 Abs. 2, 85 Abs. 1) so darf doch diese Beschränkung, weil sie allein auf der Natur des Urteils als „autoritativen Aktes der Staatsgewalt“ beruht, nicht auf den Vergleich übertragen werden; eine Einschränkung ist jedoch aus der für den Prozeßvergleich bestehenden Formvorschrift abzuleiten; indem diese Abschluß des Prozeßvergleichs vor dem Gerichte fordert, will sie dem Gerichte die unmittelbare Wahrnehmung sämtlicher rechtbegründenden Thatsachen sichern. Wird durch Einschaltung einer Suspensivbedingung eine Thatsache aus diesem

---

§ 150 C.P.O. zu schöpfende argumentum a contrario. Siehe Troeltsch a. a. O. S. 27, Entsch. d. R.G. Bd. 10, S. 366 und die Kommentare zu § 146, bezw. 177 und 178.

[1] Selbstverständlich ist den Parteien Gelegenheit zu geben, ihre Einwendungen, welche nach § 148 C.P.O. zu vermerken sind, geltend zu machen und hat das Gericht die Thatsache der nachträglichen Protokollierung im Protokoll zu bemerken.

[2] Die Entscheidung deklariert also lediglich die bereits eingetretene Prozeßbeendigung, gleich dem Urteile, welches entgegen dem Widerspruche des Beklagten die Zulässigkeit der vom Kläger erklärten einseitigen Klagrücknahme feststellt (§ 243, Abs. 1 C.P.O.).

[3] Vollstreckungstitel bleibt daher der Vergleich, was für etwaige Einwendungen in der Vollstreckungsinstanz von Wichtigkeit ist.

Complexe herausgelöst, so wird man daher zu verlangen haben, daß die Bedingung nach Inhalt und Form dem Gerichte die unmittelbare Wahrnehmung des Umstandes, ob die Erfüllung eingetreten sei, oder nicht, sichere. [1]

Diesem Erfordernisse kann insbesondere die wichtige Gruppe der Willenserklärungen, sofern sie zu Bedingungen erhoben werden, angepaßt werden. Beispiel: die Partei schließt mit dem gesetzlichen Vertreter der Gegenpartei Prozeßvergleich unter der Bedingung, daß dieser bis zu einem bestimmten Termine die Genehmigung des Vormundschaftsgerichts zum Vergleichsschlusse dem Prozeßgerichte nachweise.

Während der Pendenz der Bedingung bleibt der Prozeß anhängig; erst die mit ihrer Erfüllung eintretende formelle Beendigung des Verfahrens macht den Vergleich zum Vollstreckungstitel. [2]

## § 11. Prozessuale Wirkungen des Prozeſsvergleichs.

### A. Rechtskraftähnliche Wirkungen.

Die Frage, ob dem Prozeßvergleiche rechtskraftähnliche Wirkungen beizumessen sind, ist die interessanteste, aber wohl auch schwierigste der ganzen Lehre. Denn einmal ist der Begriff der Rechtskraft, wie der Streit um die negative und positive Funktion der exceptio rei jud. s. o. S. 67 f. zeigt, keineswegs so klar festgestellt, wie es im Interesse der Untersuchung erwünscht wäre. Andererseits ist die Auffindung eines Kriteriums für die behauptete Ähnlichkeit, ohne dessen strenge Durchführung die Untersuchung wertlos wäre, nicht ohne Schwierigkeit.

Demnach kann an der theoretischen und praktischen Notwendigkeit einer hierauf gerichteten Untersuchung nicht gezweifelt werden. Zahlreiche Schwierigkeiten: beispielsweise die Frage, wie weit § 686 Abs. 2 auf dem Prozeßvergleich anwendbar sei, ferner ob er unter

[1] Eine Bedingung, welche dieser Forderung nicht entspricht, würde das Gericht zu beanstanden haben.

[2] Die rechtliche Lage darf nicht mit derjenigen verwechselt werden, welche gegeben ist, wenn nicht der Vergleich selbst, sondern eine im Vergleiche versprochene Leistung suspensiv bedingt ist. Letzterenfalls kann der Gläubiger nach § 664 C.P.O. jct. § 703 C.P.O. durch Gesuch um Erteilung der Vollstreckungsklausel sofort in das Vollstreckungsverfahren eintreten. Ersterenfalls hat er den Vergleich dadurch, daß er dem Prozeßgerichte den Eintritt der Bedingung nachweist, erst zum Vollstreckungstitel zu machen. Über den analogen Fall des vom vollmachtslosen Vertreter geschlossenen Vergleichs s. o. S. 58.

den § 705 falle, beruhen auf der Unklarheit über die Tragweite der Urteilssurrogatsnatur des Prozeßvergleichs.

Auch die gegenwärtig höchst bestrittene Frage nach der analogen Anwendbarkeit des § 779 C.P.O. auf den Prozeßvergleich kann von der Durchführung der Untersuchung Förderung erhoffen.

Kurz Alles, was auf diesem Gebiete gewonnen wird, muß auch der Erkenntnis der Natur des Vergleichs als Vollstreckungstitel zu Gute kommen. Bei dieser Lage überrascht die ungemeine Zurückhaltung, welche die Literatur dieser Frage gegenüber beobachtet hat.

Nur soviel läßt sich erkennen, daß die Vertreter der privatrechtlichen Theorie im Allgemeinen zur Verneinung der (wahren) Urteilssurrogatsnatur des Prozeßvergleichs, die der prozessualen Theorie zu ihrer Bejahung geneigt sind. Eine Präzisierung des Standpunktes im Einzelnen ist von keiner Seite unternommen worden.

Planck's Lehrbuch I, S. 306 begnügt sich mit der Bemerkung, daß der einseitige prozessuale Verzicht auf Entscheidungsanspruch gegen das Gericht hier ausnahmsweise die Natur eines Urteilssurrogats annehme; und Troeltsch S. 73 reproduziert in der Sache lediglich diese Bemerkung, indem er unter den prozessualen Folgen des Prozeßvergleichs „materiell rechtskraftähnliche Wirkungen" aufzählt, ohne sich über deren Natur näher zu verbreiten.

Die folgende Untersuchung wird zunächst in eine Erörterung der wesentlichen Kriterien der Rechtskraft eintreten, wobei zum Teil auf die früher (S. 66f., 70f.) gegebene Entwicklung verwiesen werden kann, hierauf prüfen, ob und wieweit sich dieselben in den vom Prozeßvergleiche ausgelösten Wirkungen wieder finden und endlich zu bestimmen suchen, wieweit die mit Rücksicht auf seine Rechtskraft für das Urteil getroffenen gesetzlichen Normen auf den Prozeßvergleich wegen rechtskraftähnlicher Wirkungen anwendbar sind.

Vorauszuschicken ist, daß es sich hierbei nur um Wirkungen, welche der s. g. materiellen Rechtskraft des Urteils analog sind, handelt. Eine formielle Rechtskraft des Prozeßvergleichs, wie sie im Sinne der C.P.O. beim rechtskräftigen Endurteile als „Unanfechtbarkeit durch Einspruch oder ordentliche Rechtsmittel" (§ 645 C.P.O.) besteht, kann beim Vergleiche, da es überhaupt nicht durch Rechtsmittel im Sinne der C.P.O. angreifbar ist, nicht in Betracht kommen.

Im Gegensatze zur formellen Rechtskraft bedeutet die materielle die „normgebende Bedeutung des Inhalts des Urteils (Motive z. Entwurfe einer B.G.B. I S. 367) die bindende Kraft des Urteils für die beteiligten Berufssubjekte" (Wach, Vorträge S. 101). Sie ist die dem formell rechtskräftigen Urteile entspringende, für dieses charakteristische und daher als seine Eigenschaft gedachte hochgesteigerte Feststellungswirkung.

Doch ist ihr Wesen hiermit nicht erschöpfend bestimmt.

Auch die materiellrechtlichen Feststellungsgeschäfte Anerkenntnis, Verzicht und Vergleich enthalten insofern bindende Kraft für die Parteien, als sie ihr Rechtsverhältnis unabhängig von seiner ursprünglichen causa stellen, also durch Einwände, welche sich auf den Mangel dieser gründen, prinzipiell nicht anfechtbar sind; andererseits ist auch das rechtskräftige Urteil nicht absolut gegen Anfechtung geschützt, sondern im Wege des Wiederaufnahmeverfahrens (§§ 541 f. C.P.O.) reszissibel.

Es gilt also zunächst, die vom formell rechtskräftigen Urteile ausgelösten, für die Rechtskraft charakteristischen Wirkungen auf ihren inneren Grund zurückzuführen. Dieser ist in doppelter:

1. Aus der Natur des Urteils als autoritativen Aktes der Staatsgewalt[1] ergiebt sich die weitgehende Einschränkung der Anfechtungsmöglichkeit[2] und seine formal verbindliche Kraft, sobald nur aus ihm hervorgeht, daß es von einem im Besitze der Gerichtsbarkeit befindlichen Gerichte gefällt worden ist.

2. Aus der Eigenschaft des Urteils als eines das Verfahren in positivem Sinne abschließenden Aktes aber die Funktion der Rechtskraft, die Entwicklung der Rechtsschutzansprüche der Parteien in einem neuen Prozesse auszuschließen (s. ob. S. 70 f.)

Fremd müssen dem Prozeßvergleiche die unter 1) aufgeführten Ausflüsse der Rechtskraft bleiben. Hier schlägt seine zum Urteil im Gegensatz stehende Vertragsnatur durch. Ebenso sicher ist es dagegen, daß ihm die Wirkungen, welche aus der Natur des Urteils als eines das Verfahren im positivem Sinne abschließenden Aktes entspringen, vermöge seiner identischen Qualität zukommen müssen.

Die Prozeßvergleichseinrede hat daher nicht, wie vielfach behauptet wird[3] rein materiellen, sondern, soweit sie die sachliche Erledigung des de eadem re anhängig gewesenen Prozesses behauptet, zugleich prozessualen, der negativen Funktion der Rechtskraft (diese in dem oben S. 66 f. erörterten Sinne verstanden) analogen Inhalt. Mit anderen Worten: der Satz, daß die Rechtsschutzansprüche der Parteien auch nach formeller Beendigung des

---

[1] Ausschließliches Gewicht legt hierauf Laband, Staatsrecht 2. Aufl. Freib. 1891, S. 341 f., der konsequenter Weise dem laudum, da es seine Kraft nicht aus dem Willen des Staates schöpft, die Rechtskraftswirkung abspricht. Nicht so weit gehend: Wach, H.B. I, S. 75.

[2] Die Beschränkung auf wenige im Gesetze erschöpfend aufgezählte Anfechtungsgründe und die Eigenart des Charakters derselben. (§§ 542 und 543 C.P.O.)

[3] Trutter, Prozessuale Rechtsgesch. S. 432, Entsch. d. L.G. Hannover v. 13./11. 1886 b. Busch, XII, S. 351.

Verfahrens an den Prozeß gebunden bleiben, sofern sie nicht durch zulässige Klagrücknahme oder absolutio ab instantia aus ihm gelöst werden, bedient sich, wenn die Beendigung durch Prozeßvergleich erfolgte, zu seiner Realisierung der diesem entspringenden Einrede.[1]

Aus dem unter 2) Ausgeführten geht zugleich hervor, daß der Prozeßvergleich so wenig, wie das rechtskräftige Urteil incidenter angegriffen werden kann; keine Partei kann den Gegner der günstigen Ergebnisse des früheren Verfahrens dadurch berauben, daß sie neuen Prozeß erhebt und die entgegengesetzte Prozeßvergleichseinrede replikweise zurückschlägt. Sie muß vielmehr eine besondere Anfechtungsklage gegen den Prozeßvergleich richten, welche, analog der Restitutionsklage, dazu bestimmt ist, das frühere Verfahren wieder zu eröffnen (vergl. oben S. 71 f.). Folgeweise wird man auf diese Klage die Bestimmungen, welche die Restitutionsklage betreffen, analog anzuwenden haben, soweit letztere nicht ihren Grund in der besonderen Natur des Urteils haben. Insbesondere

---

[1] Wie eine Entscheidung des Oberlandesgerichts Dresden (mitgeteilt in den sächs. Annalen des O.L.G. Jahrg. 1892, S. 267 fg.) beweist, bricht sich diese Erkenntnis (wenn auch infolge der Beimischung eines fremden Gesichtspunktes nicht ganz rein) auch in der Praxis Bahn. Der erwähnten Entscheidung liegt der Thatbestand zu Grunde, daß der Kläger nach geschlossenem Prozeßvergleiche von Neuem aus dem alten Rechtsverhältnisse Klage erhoben hat. Das O.L.G. bestätigt die in erster Instanz ausgesprochene Abweisung der Klage mit der Begründung, „daß es dem Gläubiger in der Regel nicht gestattet sei, eine Forderung, für welche er bereits einen vollstreckbaren Schuldtitel erworben habe, anderweit im Wege der Klage geltend zu machen; es stehe ihm vielmehr nur das Vollstreckungsverfahren offen; denn der Schuldner habe offenbar ein Recht darauf, daß er nicht ohne Not in einen anderen Rechtstreit verwickelt werde und zwar schon zur Vermeidung der Kosten und des Zeitaufwandes, welche eine abermalige Verhandlung über den schon festgestellten Anspruch ihm verursachen würde“.

Der Schwerpunkt der Entscheidung liegt in den Worten, daß der Schuldner ein Recht darauf habe, nicht ohne Not in einen anderen Rechtsstreit über den schon festgestellten Anspruch verwickelt zu werden. Lediglich der Umstand, daß es sich um einen Vergleich handelt, der das Verfahren formell und sachlich zum Abschlusse gebracht hat und aus diesem Grunde der Erhebung neuen Prozesses entgegensteht, rechtfertigt es, daß nicht auf Verurteilung des Beklagten in den Grenzen des Vergleichs, sondern auf die Abweisung des Klägers erkannt wird. In der Fassung der Gründe ist dieser ausschlaggebende Gesichtspunkt in den Hintergrund gedrängt. Daraus, daß der Prozeßvergleich Vollstreckungstitel ist, folgt noch nichts für die Unzulässigkeit neuer Klage aus dem alten Rechtsverhältnisse, weil es Vollstreckungstitel ohne Rechtskraftswirkungen giebt (vollstreckbare Urkunde des § 702 Ziff. 5) und bei diesen eine durch das Interesse an rechtlicher Feststellung begründete Klage trotz der Vollstreckungsqualität der Urkunde sehr wohl denkbar ist (vergl. Wach, Festst. Anspr. S. 23).

hat hiernach das aus § 553 Abs. 1 C.P.O. zu entnehmende Prinzip Platz zu greifen, daß die Resultate des früheren Verfahrens, soweit sie nicht vom Anfechtungsgrunde betroffen werden, bestehen bleiben; aus § 547 ist die ausschließliche Zuständigkeit des Gerichts der Instanz, in welcher der Prozeßvergleich geschlossen worden, für die Anfechtungsklage zu entnehmen. Keine Anwendung, weil auf der eigentümlichen Natur des Urteils beruhend, können dagegen die Bestimmungen über die Anfechtungsgründe (§§ 541, 542) (die beim Prozeßvergleiche aus dem materiellen Rechte zu entnehmen sind) und über die Notfristen (§ 549) finden.

Immerhin ist festzuhalten, daß es sich nur um rechtskraftähnliche Wirkungen, nicht um eigentliche Rechtskraft handelt; denn es fehlt ein ganzer, der Rechtskraft wesentlicher Komplex von Rechtswirkungen (die oben S. 90 unter No. 1 aufgeführten) und an ihre Stelle treten die aus der Vertragsnatur des Vergleichs zu entwickelnden, vielfach die Wirkungen unter 2) abschwächenden Consequenzen.

Die Differenz läßt sich am besten veranschaulichen durch Darlegung der verschiedenen Voraussetzungen und Wirkungen der exc. rei jud. und der Prozeßvergleichseinrede:

Während erstere schon durch die Existenz eines rechtskräftigen, äußerlich fehlerfreien Urteils begründet wird, einerlei, ob es mit einem Nichtigkeitsgrunde behaftet ist, oder nicht, hat die Prozeßvergleichseinrede die innere Rechtsbeständigkeit des Prozeßvergleichs wenigstens soweit zur Voraussetzung, als er nicht nichtig (auch nicht relativ nichtig) sein darf (vgl. ob. S. 57 f.). Unschädlich ist, aus gleichfalls schon erörtertem Grunde (S. 71), die bloße Anfechtbarkeit. Auch nach geschlossenem Prozeßvergleiche kann daher die Partei, gestützt auf die Behauptung der Nichtigkeit desselben, das Verfahren fortsetzen. Machte sie dagegen einen bloßen Anfechtungsgrund geltend, so hätte das Gericht die Terminsbestimmung zu verweigern.

Der unter einer Suspensivbedingung geschlossene Prozeßvergleich, ebenso der vom vollmachtslosen Vertreter eingegangene (ob. S. 57) lösen während des Pendenzverhältnisses den Prozeß nicht, erneute Ladung ist daher (soweit nicht die im Vergleiche eventuell stillschweigend enthaltene Vereinbarung, das Verfahren bis zur Entscheidung über die Perfektion des Vergleichs ruhen zu lassen, entgegensteht) zulässig und einer neuen Klage steht nicht die Prozeßvergleichseinrede, sondern die Einrede der Rechtshängigkeit entgegen. Erst wenn die Erfüllung der Bedingung oder die nachträgliche Bevollmächtigung nachgewiesen worden ist, wird letztere Einrede durch die Einrede des Prozeßvergleichs abgelöst (cf. S. 88, Note 2).

---

## § 12. **Prozessuale Wirkungen. Fortsetzung.**

### B. Vollstreckbarkeit.

I. Voruntersuchung. Verhältnis des Vollstreckungstitels zum Vollstreckungsanspruche. Bedeutung der Rechtskraft des Titels für die von ihm gewährte prozessuale Stellung.

Nach § 702 C.P.O. ist der Prozeßvergleich Vollstreckungstitel, d. h. der damit ausgerichtete Gläubiger besitzt nunmehr die prozessuale Möglichkeit, die Zwangsgewalt des Staates zur Herbeiführung des dem Inhalte des Vergleichs entsprechenden Zustandes in Anspruch zu nehmen. Um eine genauere Bestimmung der speziell durch den Prozeßvergleich gewährten rechtlichen Position geben zu können, ist es erforderlich, zunächst das Verhältnis, in dem der Vollstreckungstitel zu dem begründeten subjektiven Rechte des Gläubigers auf Vollstreckung steht, und — mit Rücksicht auf die dem Prozeßvergleiche vindizierten rechtskraftähnlichen Wirkungen — die Bedeutung, welche die Rechtskraft des Titels für die von ihm im Vollstreckungsverfahren gewährte prozessuale Position hat, näher ins Auge zu fassen.

Dem gegen den Staat sich richtenden Anspruche, die Existenz eines subjektiven Rechts durch autoritativen Staatsakt festzustellen (Feststellungsanspruch und, sofern zugleich die Befriedigungsbedürftigkeit des Rechts festgestellt werden soll, Verurteilungsanspruch) geht parallel der Vollstreckungsanspruch, welcher die Gewährung staatlichen Schutzes in der Richtung fordert, daß das bestehende subjektive Recht durch Anwendung der von der Rechtsordnung dargebotenen Mittel[1] verwirklicht werde.[2]

Die eine der Grundlagen des Vollstreckungsanspruchs ist daher die Existenz des behaupteten materiellen Rechts. Aber nicht die einzige. Der Staat verlangt außerdem, um hinreichende Gewähr dafür zu besitzen, daß seine Vollstreckungsthätigkeit einem wirklich existenten Rechte zu Gute kommt, einen Vollstreckungstitel, d. h. eine öffentliche, bestimmten Formvorschriften genügende Urkunde,

---

[1] Diese sind nicht immer Zwang, ja sogar prinzipiell nicht Zwang, wo die Rechtsordnung mit anderen Mitteln dasselbe leisten kann: § 779 C.P.O.

[2] Wach, Handbuch I, S. 21, 38, Feststellungsanspruch S. 23 und schon früher im Gutachten für den XIX. deutschen Juristentag (2. Bd. der Verhandlungen S. 70): „Die Vollstreckbarkeit ist der Ausdruck des Vollstreckungsanspruchs, des an einen Thatbestand geknüpften Anspruchs auf Anwendung der staatlichen Zwangsgewalt in der Form Rechtens zur Verwirklichung eines bestimmten materiellen Anspruchs.“

von der in den §§ 644, 702 Ziff. 1—5, 706 C.P.O. vorgeschriebenen Art; ihr gemeinsames Kriterium ist, daß sie den Rechtsakt, der das zur Vollstreckung zu bringende Recht feststellte oder begründete, (z. B. § 702 Ziff. 5) in sich verkörpern.

Der hier angenommenen, von Wach, Feststellungsanspruch S. 23 begründeten Auffassung, daß materieller Anspruchsbestand und der Vollstreckungstitel erst gemeinsam den Thatbestand bilden, dem der Vollstreckungsanspruch entspringt, steht eine Ansicht gegenüber, welche das Recht auf Vollstreckung an die bloße Existenz des Titels knüpft. Er soll die „materielle“ Grundlage für die Vollstreckung sein, (vgl. z. B. Bunsen, Die Lehre von der Zwangsvollstreckung, Wismar 1885 S. 21) wie die Vollstreckungsklausel die „formelle“. Diese in mancher Hinsicht ansprechende Auffassung versagt aber völlig den Dienst, wenn man sich die Natur der Vollstreckungsgegenklage klar zu machen sucht.[1]

Denn von hier aus wird man notwendig zur Annahme eines der Vollstreckungsgegenklage zu Grunde liegenden materiellen Klagerechts gedrängt (siehe vorstehende Note), dessen Inhalt doch von dem der sonstigen materiellen Klagrechte durch eine tiefe Kluft getrennt ist.

Denn diese haben sämtlich eine auf materiellem Gebiete liegende Leistung des Verpflichteten zum Inhalte. Und von solcher kann hier keine Rede sein: Das Ziel der Vollstreckungsgegenklage ist weder ausschließlich noch auch nur vorwiegend, die Erzwingung des Nichtgebrauchs des Titels durch den Gläubiger (auch dies wäre übrigens eine Leistung publizistischen Inhalts), sondern die auch die Vollstreckungsorgane bindende Feststellung, daß trotz Vorhandensein des Titels ein schutzbedürftiges Recht mangle, und daher nicht vollstreckt werden dürfe.[2] Ihr Ziel ist also rein prozessual.

Also ist sowohl die Vorstellung einer der Vollstreckungsgegenklage zu Grunde liegenden materiellen Klagrechts, wie die dahinter

---

[1] Zeugnis hierfür liefert die sonst klare und glückliche Darstellung Bunsen's an den Stellen, wo er auf die Vollstreckungsgegenklage zu sprechen kommt. So bemerkt er S. 11: Der vollstreckbare Schuldtitel hat seine ihm eigentümlichen Gegenwirkungen (!). Diese bestehen in der Zulassung von Einwendungen gegen denselben, welche in einem Klagrecht (!) nach § 686 geltend zu machen sind. Dabei ist das Ziel der Vollstreckungsgegenklage S. 50 als prozessuales richtig erkannt.

[2] Vergl. Kohler im civ. Archiv Bd. 80, S. 145. Kohler hebt dies mit aller Schärfe hervor, giebt aber eine Charakteristik des von ihm angenommenen Klagerechts nach der Seite seiner Zugehörigkeit zum Civil- oder Prozeßrecht nicht. Es bleibt zweifelhaft, wie er bei der generellen Ablehnung des Rechtsschutzanspruchs (im Prozeß als Rechtsverhältnis S. 13 f., 16 f.) sich mit dem prozessualen Ziele der Klage auseinandersetzt.

stehende, daß der Vollstreckungstitel die einzige Grundlage für das Recht des Gläubigers auf Vollstreckung bilde, haltlos.

Die Vollstreckungsgegenklage ist vielmehr ein Organ (wie unten auszuführen ist, nicht das einzige) des negativen Schutzanspruchs, welcher dem Schuldner dem behaupteten Vollstreckungsanspruche des Gläubigers gegenüber zusteht.[1]

Sie macht geltend, daß trotz Vorhandensein des Vollstreckungstitels ein Vollstreckungsanspruch des Gläubigers überhaupt oder zur Zeit nicht existire, weil entweder das zu vollstreckende Recht nicht (oder nicht mehr) bestehe, z. B. durch Zahlung getilgt sei, oder seine Befriedigungsbedürftigkeit im gegenwärtigem Augenblicke mangle. (Beispiel: der Gläubiger giebt entgegen einem dem Schuldner nach Rechtskraft des Urteils gegebenen Gestundungsversprechen Auftrag zur Vollstreckung.) Die Besonderheit dem ordentlichen Verfahren gegenüber besteht nur darin, daß die Verteidigung formell auf den Weg des Angriffs gedrängt wird. Gegen die hier vertretene Auffassung könnte ein Einwand erhoben werden, der, da er von großer scheinbarer Stärke ist, zunächst beseitigt werden muß.

Es handelt sich um die Thatsache, daß der Gegenangriff des Schuldners die im Gange befindliche Vollstreckung nicht notwendig hemmt. § 688 C.P.O. bestimmt im Abs. 1:

> Das Prozeßgericht kann auf Antrag anordnen, daß bis zur Erlassung des Urteils über die in den §§ 686, 687 bezeichneten Einwendungen die Zwangsvollstreckung gegen oder ohne Sicherheitsleistung eingestellt oder nur gegen Sicherheitsleistung fortgesetzt werde und daß die erfolgten Vollstreckungsmaßregeln gegen Sicherheitsleistung aufzuheben seien. Die thatsächlichen Behauptungen, welche den Antrag begründen, sind glaubhaft zu machen.

Es ist daher prinzipiell nicht ausgeschlossen, daß die Entscheidung über den Angriff des Schuldners der thatsächlichen Vollstreckung nachhinkt, so daß es von Rechtswegen möglich ist, daß im Einzelfalle trotz Mangels eines Vollstreckungsanspruchs exequiert wird. Aber wo die Exekution so bei pendentem Angriff gegen den Vollstreckungsanspruch gewährt wird, da gewährt sie der Staat nur vorläufig, unter dem Vorbehalte, sie rückgängig zu machen, wenn der Angriff des Schuldners Erfolg hat. Dies zeigt sich darin, daß dem Schuldner für den Fall seines Sieges ein Mittel zu unmittelbarer Wiederherstellung des Zustandes vor der Vollstreckung bereit gestellt ist. Er ist nicht auf Anstellung einer condictio verwiesen,

---

[1] Auch im Vollstreckungsverfahren begegnet dem positiven Schutzanspruche des Gläubigers der negative des Schuldners, welcher die innere Unbegründetheit des ersteren behauptet.

sondern kann durch einfachen Antrag erreichen, daß dem Gläubiger in dem über die Vollstreckungsgegenklage ergehenden Urteile die Rückerstattung dessen, was er auf Grund des Titels erhalten hat, auferlegt wird.[1] Mit anderen Worten: die bloße Existenz des Vollstreckungstitels ist nicht ausreichend, dem Gläubiger den durch die Vollstreckung erlangten Vorteil zu sichern. Dies vermag nur der rechtlich begründete Vollstreckungsanspruch.

Aus den vorstehenden Ausführungen folgt zugleich etwas Weiteres für die rechtliche Natur des Titels: Er ist nicht nur Element des den Vollstreckungsanspruch konstituierenden Thatbestandes, sondern zugleich prozessuale Grundlage für die summarische Cognition über denselben. Der Beschluß des Prozeßgerichts, welcher den Antrag des Schuldners auf Einstellung der Vollstreckung (§ 688 C.P.O.) zurückweist, trotzdem dieser durch Erhebung der Vollstreckungsgegenklage die Berechtigung des Gläubigers zur Vollstreckung zum Gegenstande gerichtlicher Entscheidung gemacht hat, ist das Produkt summarischer Cognition über den Vollstreckungsanspruch und verhält sich zu der definitiven, auf die Vollstreckungsgegenklage ergehenden Entscheidung ähnlich wie das im Urkundenprozesse unter Vorbehalt der Rechte ergehende Urteil zur Entscheidung im Ordinarverfahren.

Bisher hat die Rechtskraft des Titels in den Erörterungen keinen Platz gefunden. Mit Rücksicht auf die dem Prozeßvergleiche vindizierten rechtskraftähnlichen Wirkungen ist dies nunmehr nachzuholen.

Die Rechtskraft ist zwar nicht positive Grundlage für den Vollstreckungsanspruch.[2] Sie bewirkt aber insofern eine wichtige Modifikation der vom Titel gewährten rechtlichen Stellung, als sie das

---

[1] Dies wird zwar im Gesetze nicht ausdrücklich bestimmt; es folgt aber aus der Analogie der Bestimmungen in § 655, Abs. 2, § 563, Abs. 2 und § 503 C.P.O., aus denen das Prinzip zu entnehmen ist, daß das Prozeßrecht die benachteiligende Wirkung, welche es dem Schuldner durch die nach der Organisation des Verfahrens zulässige, obwohl objektiv ungerechtfertigte Vollstreckung zufügt, mit eigenen Mitteln auszugleichen bereit ist, wenn der Schuldner durch Stellung eines hierauf gerichteteten Antrages den Anstoß dazu giebt. Selbstverständlich steht dem Schuldner daneben die civilistische condictio zu Gebote, falls deren Voraussetzungen gegeben sind.

Das früher von Seuffert (5. Aufl., Bem. 3 zu § 686) geäußerte Bedenken, daß die obige Annahme zur Ausschließlichkeit des Gerichtsstandes für die Erstattungsklage führe, hat er in der neuesten Auflage Bem. 3d) Abs. 2 zu § 686 fallen lassen.

[2] Dieser verlangt, wie oben dargelegt, mit der Existenz des materiellen Rechts mehr; denn der gesicherte Bestand des Rechts wird durch die Rechtskraft noch nicht voll verbürgt, so lange das Urteil noch im Wege des Wiederaufnahmeverfahrens angegriffen werden kann.

Feld für den schuldnerischen Angriff gegen den Vollstreckungsanspruch einengt; und zwar kommt diese Wirkung nicht nur der bereits fertig vorliegenden, sondern schon der erst im Keime vorhandenen Rechtskraft[1] zu. Es bestimmt nämlich § 686 Abs. 2 rücksichtlich der gegen das Urteil zulässigen (materiellen) Einwendungen:

> Dieselben sind nur insoweit zulässig, als die Gründe, auf denen sie beruhen, erst nach dem Schlusse derjenigen mündlichen Verhandlung, in welcher Einwendungen in Gemäßheit der Bestimmungen dieses Gesetzes spätestens hätten geltend gemacht werden müssen, entstanden sind und durch Einspruch nicht mehr geltend gemacht werden können

das heißt: das Thatsachenkomplex, auf dem das Urteil und folgeweise die entstehende oder bereits entstandenen Rechtskraft beruht, soll durch die Vollstreckungsgegenklage nicht angetastet werden. Diese kann den Vollstreckungsanspruch nur an einer von der Rechtskraft ungeschirmten Stelle treffen. Aber neben dieser auf das rechtskraftfreie Gebiet beschränkten Reaktion des Schuldners gegen den Vollstreckungsanspruch existiert eine zweite Möglichkeit für ihn: Die Nichtexistenz des Vollstreckungsanspruchs durch siegreichen Angriff auf die Rechtskraft des Titels darzuthun.

Diese oft übersehene, aber durch § 647 C.P.O. bewiesene, für das Verständnis des Verhältnisses zwischen Rechtskraft und Vollstreckbarkeit höchst wichtige Thatsache wird bei der Besprechung der Natur des Prozeßvergleichs als Vollstreckungstitel ihre Verwertung finden.

---

## § 13. **Prozessuale Wirkungen. Fortsetzung.**

### II. Der Prozeßvergleich als Vollstreckungstitel.

Nur der inländische Prozeßvergleich ist Vollstreckungstitel[2] und dieser nur, soweit er vollstreckbaren Inhalt hat, d. h. neben der Existenz des Rechts des Gläubigers auch die (gegenwärtige, künftige oder doch bedingungsweise eintretende) Befriedigungsbedürftigkeit desselben feststellt.[3]

Für die rechtliche Natur des Prozeßvergleichs als Titel ist die Frage von entscheidender Bedeutung, wieweit er der Vollstreckungsgegenklage Raum läßt.

Ist § 686 Abs. 2 C.P.O. auf ihn entsprechend anzuwenden, so kann die Vollstreckungsgegenklage nur auf solche Einwendungen gestützt werden, deren Gründe erst nach dem Vergleichsschlusse

---

[1] Man denke an das vorläufig vollstreckbare Urteil.

[2] § 702, Ziff. 1 „vor einem deutschen Gerichte".

[3] Cf. Wach, Feststellungsanspruch S. 36.

entstanden sind. Untersteht er dagegen dem § 705 Abs. 4 C.P.O., so sind auch früher entstandene Einwendungen zulässig, insbesondere muß die Anfechtung des Prozeßvergleichs mit der Vollstreckungsgegenklage durchgeführt werden können.[1]

Die Erörterungen des vorigen Paragraphen haben die Beantwortung dieser Frage vorbereitet. § 686 Abs. 2 C.P.O. und § 705 Abs. 4 C.P.O. behandeln 2 Typen von Vollstreckungstiteln: Solche mit und solche ohne Rechtskraftswirkung. Soweit daher die Rechtskraftswirkungen des Prozeßvergleichs reichen (vergl. hierüber oben S. 71, 91 f.), muß analog, wie beim Urteil, die Vollstreckungsgegenklage gegen ihn beschränkt sein. Demnach ist die Geltendmachung eines bloßen Anfechtungsgrundes im Wege dieser Klage ausgeschlossen. Aber hieraus folgt nicht, daß die Anfechtung des Prozeßvergleichs schlechthin ausgeschlossen wäre, sondern bloß, daß der Schuldner sich gegen die Vollstreckung nur unter gleichzeitigem Angriff auf die rechtskraftähnlichen Wirkungen des Prozeßvergleichs schützen kann, d. h. er muß die oben erörterte Anfechtungsklage erheben und mit ihr das Gesuch um Einstellung der Zwangsvollstreckung verbinden. Da aber die erwähnte Klage das Analogon der Restitutionsklage ist,[2] so bestimmt sich die Stellung des Prozeßgerichts dem Einstellungsantrage gegenüber nicht nach den § § 686, 688 C.P.O., sondern nach Analogie des § 647 C.P.O.

Gegen die Vollstreckung aus einem nichtigen Prozeßvergleiche dagegen gewähren dem Schuldner nicht nur die § § 668, 701 C.P.O., sondern auch die Erhebung der Vollstreckungsgegenklage (die auf Feststellung der Nichtigkeit und Unzulässigkeit der Vollstreckung aus diesem Grunde, zu richten wäre) Schutz. Denn dem nichtigen Prozeßvergleiche kommen, wie oben (S. 57f., 92) dargelegt, keine Rechtskraftswirkungen zu.[3]

---

[1] Die Frage ist überaus kontrovers. Für die Subsumtion des Prozeßvergleichs unter die gerichtlichen Urkunden des § 705 wird besonders die Erwägung ins Feld geführt, daß bei der sonst nach § 703 gebotenen Anwendung des § 686, Abs. 2 die Möglichkeit einer auf das Vollstreckungsverfahren Einfluß übenden Anfechtung des Prozeßvergleichs überhaupt entfalle (Entsch. d. R.G. Bd. 21, No. 66, S. 349; Eccius bei Gruchot Bd. 28, S. 275). Dies ist jedoch, wie alsbald auszuführen, nicht der Fall. Überdies ergeben sich aus den Bestimmungen des Abs. 1, jct. 5 des § 705 C.P.O. bei ihrer Anwendung auf den Prozeßvergleich Unzuträglichkeiten für die Kompetenzfrage; vergl. hierüber die treffenden Ausführungen von Troeltsch a. a. O. S. 29 fg. Note 2.

[2] Vergl. oben S. 71, 91.

[3] Eine dritte Möglichkeit wäre, daß der Schuldner den in diesem Falle nicht beendeten ursprünglichen Prozeß fortsetzte und die Nichtigkeit des Prozeßvergleichs durch Zwischenurteil feststellen ließe, s. Kohler im C.A. Bd. 72, S. 20, welchem jedoch die hier gemachte Unterscheidung zwischen Nichtigkeit und Anfechtbarkeit fremd ist.

# Anhang.

## Belegstellen.

1. Commentar Innocenz IV. zu der S. 34 angeführten Dekretale (nach der Ausgabe Venet. 1491). Finita. sed quomodo potest finiri lis nisi vel sententia, vel transactione? potes repondere, quod haec dictio, seu, non notat hic diversitatem: sed multiplicatis verbis idem repetit. vel dic, quod hic dicit rem finitam, de qua non est transactum, neque iudicatum. sed tamen lis finita dicitur, puta, quia iuravit, se in perpetuum non acturum, nam tunc nisi ex causa nova ulterius agere non potest. ff. de iureiur. l. admonendi C. de pact. l. postquam ff. de cond. ob causam l 2 arg. supra de rescriptis constitutus. § Idem videtur etiam, si solum pactum fecisset de non agendo ulterius de aliquo debito, nam huiusmodi exceptio contra rescriptum recte opponitur et litis contestationem retardat. quia, si hoc expressisset, nullas litteras habuisset. secus autem, si pactum de non petendo fecisset quia tunc non retardaretur litis contestatio. §. Iuramentum autem de non petendo an tardet litis contestationem. Respondemus, quod sic, ut impediatur periurium. § Quare autem aliud sit, quando paciscitur de non petendo et aliud quando paciscitur de non agendo, respondeo, quando paciscitur de non agendo nihilominus extra judicium petere potest et nihilominus debitor manet obligatus ex promisso licet agere non possit et e converso ff. de cond. ind. naturalitur ff. de iud. ius et ita, si permitteret contra se litem contestari non opposita contra litteras praedicta exceptione, post litem contestatam opponere non posset, cum sit declinatoria fori. sed ubi paciscitur de non petendo, nullo modo remanet obligatus et ita post litis contestationem poterit excipere. Zu S. 35.

2. Bartolus z. l. 10 Cod. de transact. 2,4 (Tom. VII Fol. 52b). Nota generalius, quod omnis exceptio, quae est inducta, ut sit litium finis, impedit contestationem. de exceptione transactionis probatur hic, de exceptione iurisiurandi probatur in l. 1 de iureiur., de exceptione rei iudicatae probatur in l. 1 ff. de re iud. Merito istae tres exceptiones impediunt litis contestationem, ut l. eleganter § si quis post ff. de cond. ind. Idem possumus dicere de exceptione praescriptionis.

3. Derselbe zur l. eleganter § si quis post (l. 23 § 3 D. de cond. ind. 12,6). Tom. II. Fol. 48b.

7*

Tu dic, quod omnis exceptio, quae est reperta ad litis decisionem, impedit litis contestationem, cuiusmodi sunt transactio, ut C. de transact. l. fratris (l. 10 Cod. h. t.) § sententia et infra de re iud. l. 1 et § iusiurandum ut l. 1 supra de iureiur. Si vero non sit reperta ad litis decisionem, sed ad conservationem iuris partis sit reperta, non impedit contestationem, ut exc. Macedoniani et similes . . . rel.

4. Baldus (ad l. iusiurandum de iureiur. in Secundam Dig. Vet. Commentaria). Fol. 33b.

Num. 46 u. 47: Peremptoriarum exceptionum quaedam sunt exceptiones litis finitae: et immo sic dicuntur, quia sunt exceptiones litis retromotae quod retrofinitae. Et istae sunt hae: exceptio rei iud., exceptio iurisiurandi, exceptio transactionis, ut hic. exceptio doli, quae concurrit cum istis et sapit istarum naturam non tamen est exceptio litis finitae, quia ista exceptio habet nunc ortum, dum agitur, non retro. Item exceptio renunciationis litis est exceptio litis finitae et impedit processum C. de pact. postquam liti C. de fide instrum. l. 3 et facit, quod nota Inn. X. de pact. c. cum pridem rel. (Citate) Item exceptio solutionis factae in iudicio ut Inst. de perp. et temp. act. in fine. Item exceptio oblationis, depositionis et consignationis factae in iudicio. ut Inst. de perp. et temp. act. i. f.

Quaedam sunt exceptiones rei finitae eo quod lis nunquam fuit retromota. et si non fuit retromota ergo non fuit retroterminata sicut est exc. praescriptionis in criminali et quandoque in civili rel. . .

5. Curtius Senior ad l. 10 Cod. de transact. 2, 4 Nota ex isto textu, quod diximus in summario, quod sicut exceptio rei iud. et iurisiurandi dicitur litis finitae, impediens processum, l. 1 et 2 ff. de iureiur tex. ord. in c. 1 de lit. cont. in VI⁰ qui textus est factus ex visceribus et verbis legis nostrae secundum Odofredum hic, ita etiam exceptio transactionis.

6. Jason a Mayno ad h. l.

Exceptio transactionis, quae est litis finitae, impedit litis ingressum.

7. Statuta varia civitatis Placentiae, Parma 1860. Antiqua statuta (Mitte des 12. Jahrhunderts).

cap. 58 (S. 287). De sentenciis arbitrorum exequendis.

Item statutum est, quod postquam facta fuerint praecepta et arbitramenta inter ascendentes et descendentes vel agnatos, vel cognatos vel vicinos ulterius non possint appellari et querelari nec supplicari sed elapso termino sive terminis contentis in praeceptis et arbitramentis, vel elapso mense, si terminus non fuerit in eis appositus, debeant executioni mandari omnibus iuris remediis.

8. Statuta Comunis Parmae digesta anno 1255.

Bd. I, S. 258. Qualiter sententia et laudum firma teneri debeant et de poena non observantis.

Capitulum, quod si quis homo non observaverit laudum vel sententiam contra se datum fregerit V. sol parm. pro banno ei tollam.

9. Statuta Mediolani (Mediolani 1552).

Rubrica generalis de arbitriis, arbitramentis et compromissis fol. 42 f.

cap. 119. In omnibus praeceptis arbitriis et arbitramentis, quae possunt dici ex forma praesentium statutorum . . . fiat excecutio prout in praesentibus statutis continetur.

10. Bartolus Consil. 159 (Tom. X. Fol. 38b. Num. 4). „Secundum statuta, quae sunt communiter per Italiam, ex ipso laudo, seu arbitramento oritur actio et habet paratam executionem, quod in quibusdam curiis episcoporum observatur.

11. Bartolus a. a. O.

In secundo est videndum de viribus dicti laudi et est sciendum, quod dictum laudum, seu dicta amicabilis compositio appellatur per glossas nostras quaedam transactio. (Folgen Citate). videntur enim partes transegisse illo dato vel retento, quod tales arbitratores dicent, unde tale laudum, seu arbitrium videtur quaedam declaratio transactionis seu compositionis factae inter partes in ipso compromisso.

12. Caccialupus, tractatus de transactionibus Quaest III § 4. Tu interprede teneas, quod compromissum in arbitratorem est transactio (largo modo sumpta intellige) est transactio non declarata, sed declaranda per laudum arbitratoris.

13. Curtius Senior ad. leg. Fratris (10 Cod. de transact., 2,4) a. a. O. pag 281.

Et bene facit, quod voluit Imo (Johannes de Imola † 1436). Jo (Innocentius IV † 1254) And. (Andreae † 1348) et communiter Doctores in c. 1 X. de libelli oblatione, quod sicut exceptio transactionis impedit litis contestationem et processum, ita etiam, si aliquis ageret ad observantiam transactionis: isto casu non requiritur libellus nec contestatio litis, ne lites ex litibus oriantur arg. l. terminato infra de fruct. et lit. expens. (l. 3 Cod. 7,51) et istud est notandum perpetuo, si verum est, quia ex hoc infertur singularissime, quod ex transactione implenda et observanda competit remedium executivum, quia non erit necessarium remedium actionis praescriptis verbis, vel saltem actio praescriptis verbis habebit executionem paratam.

14. Antonius a Butrio, Dekretalencommentar, Venet. 1578 zu c. si quando de off. delegati I, 26 Num. 7. Nota, quod transactio habet executionem sicut sententia, ubi est valida.

15. Gonzalez Tellez, Decretalencommentar, Lugduni 1715 zu c. 1 de transact. XI, 36.

Num. 13. . . . Unde habet (transactio) vim sententiae et rei iudicatae l. non minorem h. t. (Citate) et ita paratam habet exequutionem. . . (Citate).

16. Baldus, † 1400. Dekretalencommentar Venet. 1595 zu cap. 12 de mutuis petitionibus.

Num. 8. Nota, quod amicabilis compositio litis dicitur terminus, concor. C. de transact l. fratris. dicit Innocentius, quod absque libello debet mandari executioni ut ipse notavi in c. 1 supra tit. 1, quod est sine dubio verum, quando transactio est facta apud acta, ut C. de transact. l. sive apud acta.

17. Derselbe im Digestencommentar (Venet 1615) zu l. iusiurandum (l. 2 D. de iureiur. 12,2). Num. 11 f. Puto, quod ex iuramento delato et praestito in iudicio oriatur officium iudicis tamquam plurimum potens super incidenti ut l. aediles § item sciendum init. de aedil. edict. et supra de procur. l. si reus. Si autem praestatur extra iudicium, non habeo pro nunc legem, vel rationem necessariam, quod officium iudicis oriatur: quia iste actus non incidit, nec emergit processus, ut possit dici, et per hoc reduci ad iudicis potestatem.

18. Guilelmus Redoanus, de simonia mentali (Tractatus Tractatuum Tom. XV pars II) part. II cap. 31 Num. 7 f. fol. 79 b.

Et coram iudicibus delegatis etiam fit transactio immo et iudices tales exequuntur transactionem coram eis factam tamquam actam coram se et a se factam c. si quando de offic. delegati, quod tenet Petrus de Ancharano, Baldus in l. tale pactum § fi. ff. de pactis, ubi dicit, quod transactio facta coram iudice est de actibus ipsius iudicis et sic transactio quae fit coram iudice delegato est ac si esset sua determinatio, quia litium execratio iustam causam continet.

---


Druck von Metzger & Wittig in Leipzig.

FSC
www.fsc.org
MIX
Papier | Fördert
gute Waldnutzung
FSC® C083411

Kolibri 360 GmbH
Ferdinand-Jühlke-Straße 7
99095 Erfurt, Deutschland
produktsicherheit@kolibri360.de